心理学就在你身边

受益一生的心理课

「推开心理咨询室的门」

编写组 编著

中国纺织出版社有限公司

内　容　提　要

　　心理学主要是研究和探讨人的内在心理变化活动和外在行为表现的学科。现代社会，学习一些心理学知识，能帮助我们更好地了解自己，了解他人，也能帮助我们解决很多心理问题，从而更好地指导我们未来的生活和工作。

　　本书从生活中的一些常见现象出发，从心理学的角度给予专业剖析，带领我们认识了一些心理学的基本常识，并对心理学展开了更深层次的学习和运用。另外，本书还介绍了一些心理调剂的方法，帮助现代社会的人们摆脱对生活无所适从的焦虑感，从容应对各种人际关系，牢牢地掌握住人生的主动权。

图书在版编目（CIP）数据

心理学就在你身边：受益一生的心理课／"推开心理咨询室的门"编写组编著. -- 北京：中国纺织出版社有限公司，2024.5

ISBN 978-7-5229-1489-3

Ⅰ.①心… Ⅱ.①推… Ⅲ.①心理学—基本知识 Ⅳ.①B84

中国国家版本馆CIP数据核字（2024）第043723号

责任编辑：张祎程　　责任校对：王蕙莹　　责任印制：储志伟

中国纺织出版社有限公司出版发行
地址：北京市朝阳区百子湾东里A407号楼　邮政编码：100124
销售电话：010—67004422　传真：010—87155801
http://www.c-textilep.com
中国纺织出版社天猫旗舰店
官方微博 http://weibo.com/2119887771
天津千鹤文化传播有限公司印刷　各地新华书店经销
2024年5月第1版第1次印刷
开本：880×1230　1/32　印张：7
字数：120千字　定价：49.80元

凡购本书，如有缺页、倒页、脱页，由本社图书营销中心调换

前言
PREFACE

生活中的你，是否思考过以下现象的原因：你周围的某个人为什么行为反常？"鬼压床"是怎么回事？一对情侣本来那么相爱，为什么最后分手了？为什么他的情绪会这样或那样？人的情绪是怎样产生的？为什么你的某个朋友总是喜欢抢着买单？为什么有些人买东西时总是喜欢买贵的？偷衣贼是什么心理呢？……

其实，这些现象多是个人潜在心理的行为表现，要寻找这些问题的答案，我们就需要了解一些心理学知识。提到心理学，大多数人都认为它很神秘，觉得那些从事心理咨询工作的专业人士更是深不可测，因为他们似乎有一双透视眼，能洞察他人内心的一切。近几年，随着心理学逐渐被人们认识和了解，逐渐成为一个热度很高的专业，一个懂得心理学知识的人在社会竞争中会拥有更多的竞争力。毋庸置疑，现代社会，学习一些心理学知识，不仅能帮助我们更好地了解自己和他人，也能帮助我们解决很多心理问题，从而更好地指导我们未来的生活和工作。

德国著名心理学家约翰·弗里德里希·赫尔巴特说："每个人都应该了解心理学基础，因为人类活动的全部可能性的概要，均在心理学中从因到果地陈述了。"这句话更是强调了学习心理学知识的重要性，我们都应该对心理学有一个全面地认识和了解，这样就可以轻松地探究出其背后隐藏的心理秘密。

当然，"纸上得来终觉浅，绝知此事要躬行"，对于任何知识的学习，我们都要落实到实践中，心理学知识同样如此。在了解心理学的理论知识后，我们还应该将之运用到具体的生活实践中。

其实，学习心理学知识不仅能帮助我们舒缓压力、调节身心，还能帮助我们解决很多日常生活中的问题，比如，社交关系、职场人际、亲子沟通、婚姻经营等，但这需要我们在了解心理学知识的基础上再掌握一些具体的操作方法，这样，无论我们处于什么场合中，都能洞悉他人的内心，然后根据具体的问题对症下药，这样，我们才能说对话、做对事，达成所愿。

本书是一本基础心理学读物，阅读本书，就像进入一个有趣的心理学世界，你能学习到很多心理学的经典理论，并且，本书结合了很多有趣的心理案例，内容涉及社交心理、职场心理、情绪心理、幸福心理、健康心理、婚姻心理、教养心理等方面，能让读者对心理学知识有一个全面的了解，进而获得心灵的启示，以此来提升自己，获得幸福。

编著者

2023年8月

目录
CONTENTS

第1堂课
走近心理学：心理学与我们的生活息息相关

西方心理学的发展历程　　002
解开心理学的神秘面纱　　006
了解研究心理学的一些方法　　009
心理学与生活息息相关　　013

第2堂课
常见行为心理解析：为什么有这些举动

总是抢着买单的人是什么心理　　018
为什么越得不到的东西越珍贵　　022
为什么成人睡觉还怕黑　　025

第3堂课
寻根究源：洞悉人类行为动机和心理需要

养宠物为什么能让人开心　　030
什么是心灵上的归属感　　033
为什么"男女搭配，干活不累"　　037
好学生为什么突然考砸了　　040

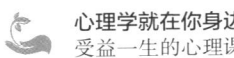

第4堂课
学习调整自我的心理课：保持心灵健康的法则

换个角度看问题，也许你会看到
 不一样的风景 046
告别悲观抑郁，生活本就丰富多彩 050
别让紧张的心情影响自己 054
控制情绪，保持心理健康 057
抑制愤怒，保持心态的平和 061

第5堂课
学习自我提升的心理课：做更好的自己

释放内心，做真实的自己 066
自我剖析和判断，提升自我认知能力 070
努力提升自己，实现自我的不断完善 073
看清自己，面对真实的自我 075
何必比较，你只需要相信自己 079

第6堂课
学习调整心态的心理课：善待生活，成就自我

消除孤独，享受生活 084
特里法则：要进步先要承认错误 086
少一些责备多一些体谅，生活更美好 089
克服自私狭隘的心理，多付出一点爱 092
生命的本质就是不完美 095

002

目录

第7堂课
学习美化心灵的心理课：做自己心灵的美容师

帮助他人，充实自己的心灵	100
与人分享，快乐自己	104
施比受更让人感觉幸福	107
用爱驱赶内心自私的魔鬼	110

第8堂课
学习解救自己的心理课：放下得失，自在安然

人生本无事，庸人自扰之	116
宽容是放过自己的心灵解药	121
人生苦短，何必被物欲和虚荣掌控	124
不以物喜，不以己悲	128
放下失去的，才有机会迎接更好的	131

第9堂课
学习经营家庭的心理课：家是心灵最坚实的依靠

表达赏识，家人也需要你的认可	136
常怀感恩之心，更能感受到幸福	139
蝴蝶效应：不可忽视家庭生活的小细节	142
史塔勒公理：对待家人要有一颗感恩的心	145

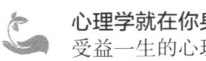

第10堂课
学习运用暗示的心理课：使对方在不知不觉中接受你的影响

以情动人，是高明的心理暗示 150
利用比较心理，让对方获得心理满足 153
多提彼此共同点，拉近彼此关系 157
登门槛效应：先提出一个更容易的问题 160
多提礼数，暗示彼此间的距离 164

第11堂课
学习幸福心理课：理解并学习如何掌控幸福

用心感悟，享受幸福的滋味 170
感受幸福，是现代人都应养成的习惯 173
懂得享受生活，才能感受幸福 176
什么是哈佛教授的"幸福型汉堡" 179
关于获得幸福的10条小贴士 183

第12堂课
学习社交心理课：这些心理学知识帮你轻松驾驭人际之舟

舍得定理：有舍必有得，舍得是一种心理智慧 190
微笑效应：用微笑打开社交局面 193
幽默心理：社交场合的黏合剂 196
赞美法则：谁都有渴望被认同和欣赏的心理需求 198

目录

第13堂课
学习释放压力的心理课：不惧压力，轻松前行

压力也是动力，适当的压力有好处	202
冲动是魔鬼，行动前先要谨慎思考	205
做人做事要理智，情感释放要感性	208
做人要有点阿Q精神，以应对生活的压力	211

参考文献　　　　　　　　　　　214

第1堂课

走近心理学：心理学与我们的生活息息相关

西方心理学的发展历程

我们都知道，心理学主要是研究和探讨人的内在心理变化活动和外在行为表现的学科。然而，心理学也是有一定起源和发展历程的，西方的心理学虽然起源于古希腊的哲学，但一直到19世纪中叶，科学的心理学才得以诞生，从19世纪到现在，心理学只有一百多年的历史，但其对西方社会的影响却是深远的，目前西方国家对心理学的研究和应用范围几乎涵盖了生活的各个层面，上至国家元首，下至平民百姓，对心理咨询和心理治疗普遍认可，并认为心理学是一种较为高级的精神按摩方法，从而成了西方人日常生活中不可缺少的一个重要组成部分。

具体来说，西方心理学经历了以下过程：

1.古希腊哲学时代

我们很难为心理学的诞生划定一个准确的时间段。如果把理论性地研究人的心理作为心理学的开端，那么就要追溯到古希腊时代了。

柏拉图认为，人的心灵是独立于肉体存在的。人死之后，心灵会作为"本质"继续留存下去。

亚里士多德有一部著作《论灵魂》，在这部书中他对感觉、记忆、回想、睡眠和清醒等与现代西方心理学相通的课题进行了系统的研究，但是后来由于基督教的兴起，人的心理变化活动和行为在相当长一段时间里被认为是由神的旨意来安排和支配的，从而导致心理学研究与神学研究混杂在一起，缺乏自己的体系和方法论。直到17世纪工业革命和近代科学发展起来以后，心理学才从神学与哲学的思维方式中脱离出来，科学的心理学理论得以确立并不断发展。

2.德国心理学家冯特的出现

对于心理学来说，19世纪德国心理学家冯特的出现是一个重大的转折点。冯特使心理学摆脱了单纯的思辨，尝试着用科学的实验方法来研究人的心理活动。冯特在德意志大学开设了心理学实验室（研究室），从此之后，便有欧洲各地、美国以及日本的学者来到冯特的实验室，跟随他学习心理学。这就是近代心理学的开端。

3.华生的行为主义心理学

美国心理学家华生则提出了一套全新的心理学理论，即"行为主义心理学"。在实验中，通过对老鼠的观察，人们虽然无法了解老鼠的意识，但可以把握它们的行为。因此他主张心理学只需要分析人的外在行为，不必分析其内在的意识，也就是说不应该过于注重和考察客观上并不能把握的意识，而应依靠科学的测定对其表现出来的行为进行分析。

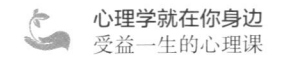

4. 弗洛伊德的精神分析

弗洛伊德（1856—1939）是奥地利的精神科医生，他出生于奥地利摩拉维亚弗赖堡，在维也纳修完医科后，先后在维也纳综合医院等处做过医生，后来以精神病学家的身份自己开业行医。

1896年，弗洛伊德首次使用精神分裂这个词，他在精神病治疗研究等领域做出了巨大的贡献，被世界医学界誉为"精神分析学"的创始人。

弗洛伊德开创的精神分析法认为，在人类行为的背后有一种叫作"无意识"的东西。精神分析法主要用于分析心理构成和进行心理治疗。弗洛伊德在百年后的现代心理学界可谓是赫赫有名的人物，但在当时，他的观点是不被认可的异端思想。不过后来，弗洛伊德的精神分析法不仅给心理学、医学带来了巨大的影响，甚至对艺术和政治思想等各个领域也产生了很大的影响。

5. 荣格的分析心理学

荣格（1875—1961）出生在瑞士凯斯维尔的一个牧师家庭，他从在巴塞尔大学学习医学开始，就对精神医学很感兴趣，后来成了苏黎世伯戈尔茨利精神病医院的一名助手，开始了他在心理学方面的研究。他最早确立了情结概念，定义了心理学上的类型论，开创了"分析心理学"。荣格与弗洛伊德交往很深，并且在学术上相互影响。

他将人的意识分为"意识"和"无意识",并认为无意识非常重要,这一点与弗洛伊德的观点相同,但是在无意识内容这个问题上,他超越了弗洛伊德,提出了自己的理论学说,他认为无意识有两种,分为个人无意识和集体无意识。

当然,历史上还有很多的心理学家、心理学的门类,其间的关系也更加复杂,需要我们在具体的心理学的学习过程中加以了解。

心理学启示

目前,世界各国特别是西方国家的心理学界普遍认为,心理学最早起源于约2000年前的古希腊,是从哲学的理论思想体系中转化出来的一门独立的学科。因为那时的心理学很接近于哲学,所以当时著名的哲学家柏拉图、亚里士多德都是站在哲学的角度和层面对人的心理变化活动进行分析和研究的。

解开心理学的神秘面纱

生活中,我们常听到"心理学"一词,在了解什么是心理学之前,我们不妨先来看一个有关占卜的小故事:

在进行广告宣传后,占卜者拿出一副塔罗牌,这副牌看上去已经使用过无数次,但其实,他只是将这副牌事先在含有某种化学成分的水中浸泡,晒干后,再拿砂纸打磨过而已。

这天,有个人来占卜,我们称他为A先生。这位占卜者开始了自己的算命过程。

占卜者:你相信"同步性"吗?(故作神秘)

A先生:什么是"同步性"?

对于从未占卜过的A先生来说,这是个新鲜名词,于是,他表现出一副很疑惑的样子。

占卜者:"同步性"的意思就是,在某一段时间内发生了几起毫无关联的事。就拿我占卜来说,就在昨天,我居然相继为六个B型血的人占卜,今天,你是第七个,自然也是B型血。(占卜者在说这句话的时候,小心观察着A先生的表情。)

A先生:天哪,你怎么知道的?

占卜者:因为我是大师嘛!

说完后，占卜者一脸得意。

如果你不懂心理学，你肯定认为占卜者的确是一位大师。而事实上并非如此，所谓的"同步性"和前面六个B型血的人，都是占卜者编造出来的，是为了试探出A先生的血型而制造出来的幌子。当占卜者解释"同步性"这个问题的时候，其实他已经在观察对方的表情，此时，对方一脸惊讶，说明对方就是B型血，所以，他便自信地说："今天，你是第七个，自然也是B型血。"倘若对方此时并没有什么反应，那说明B型血和自己并没有什么关系，那么，他便会说："今天，你是第七个，当然不是B型血了。"因此，无论他怎么说，他都"算"对了。

由此，我们便看出了那些所谓的"大仙们"的伎俩。实际上，在现实生活中，那些人际关系好、处处得人缘、事业上顺风顺水的人往往都有一个"绝活"——善于察言观色、洞悉他人的心理。

这只是应用心理学的一个例子而已，借此我们可以窥见心理学的一角。人类的心理非常不可思议，如果能加以洞察，就可以更透彻地了解自己，在人际交往中也能避免很多不必要的麻烦。总而言之，心理学就像指南针一样，可以指导我们更好地了解自己、认识他人。

那么，什么是心理学呢？可能你还没有一个具体的概念，生活中，人们看到美丽的花朵会心情愉悦，听到动人的故事会

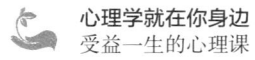

痛哭流涕，这些都是心理活动产生的结果。简言之，心理学就是科学地研究人类心理的学问，它既是理论学科，又是应用学科，包括理论心理学和应用心理学。此门科学的发展，对人类社会具有意义深远的影响。现代心理学分为五个子领域，即神经科学、发展心理学、认知心理学、社会心理学、临床心理学。心理学不仅对心理现象进行描述，更重要的是对心理现象进行说明，以揭示其发生发展的规律。

心理学启示

　　心理学既研究人的心理也研究动物的心理（研究动物的心理主要是为了深层次地了解、预测人的心理的发生、发展规律），而以人的心理现象为主要研究对象。总而言之，心理学是研究心理现象和心理规律的一门科学。

了解研究心理学的一些方法

作为一门实验科学，研究方法在心理学的发展中占有特别重要的地位。现代心理学的各主要流派所形成的研究方法在历史上都有其特定的影响、作用和局限性。用客观的、发展的观点对心理学研究方法的演化过程进行回顾和比较，对于分析、评价和改进目前在心理学研究中所应用的各种方法和提高研究的水平具有积极的意义。心理学家们正重新思考如何建构一个具有综合性、系统性、可操作性和预测性的心理学研究方法体系，在这方面应进一步引进现代科学的理论和概念。

美国心理学家查普林（James P. Chaplin）曾指出："任何科学发现或概念的有效性取决于达到该发现或概念所采取的程序的有效性。"虽然这个定义只是特指操作主义而言的，但它的确坦诚地表述了科学研究的方法论对科学发展，其中也包括了心理科学发展的重要性。从一定意义上说，科学的发展史在实质上就是科学方法论的演化史。所谓方法论，是科学家在从事科学研究的过程中形成和积累的一种研究工作的模式，托马斯·库恩称其为"范式"。因此，科学技术的重大进展，几乎都伴随着研究方法的重要进展；反之，研究方法的每次发展又总是使人类对自然规律普遍性的认识进一步深化。科学的发展和体系的形成就是在新旧方法论的交替和进化中实现的，心理学及其研究方法的发展也同样如此。

那么，心理学的基本研究方法有哪些呢？

心理学的研究方法有很多，可以大致分为三大类：描述研究、相关研究和实验研究。

1.描述研究

描述是心理学研究最基本的工作，研究者往往还没有一个正式的假设，目的是对心理与行为进行详细的描述，以确定某种心理现象在质和量上的特点。自然观察法、调查法和个案法都属于描述研究，即可以描述发生了什么，但不能解释为什么。

（1）自然观察法。

自然观察法是指在自然情境中对被观察者的行为进行系统的描述记录。例如，以非参与方式观察记录不同班风下的师生之间的互动方式，观察不同企业文化下员工的休闲模式。

自然观察法听起来简单，很有吸引力，但做起来会遇到不少困难。比如，因为观察者自身因素，观察的结果就可能产生误差。

当然，即便如此，对于一些心理学课题，采用这种方法仍然是最合适的。例如，心理学家想要揭示黑猩猩在自然居住地的社会性行为，想要了解婴儿的语言发展情况，采用自然观察法就最为合适。如果能借助录音机、录像机加以记录，那就可以在自然状态下更有效地进行观察。

（2）调查法。

调查法是以提问题的方式，要求被调查者就某个或某些问题做出回答并说出自己的想法。例如，如果我们想了解受教育水平不同的人对孝道的态度，可以就此问题去调查。我们也可以针对特定的人群（如大学生）对学校心理健康服务体系的态度进行调查。

（3）个案法。

个案法是收集单个被试者的各方资料以分析其心理特征的方法。通常收集的资料包括个人的生活史、家庭关系、生活环境和人际关系等。根据需要，也常对被试者做智力和人格测验，从熟悉被试者的亲近者那里了解情况，或对被试者的书信、日记、自传或他人为其写的资料（如传记、病历）进行收集和分析。用此种方法的研究，不同于用同一种方法对从许多被试者处收集到的资料进行统计分析得出一般性倾向的研究。

2.相关研究

如果我们用自然观察法、调查法和个案法发现一种现象与另一种现象有联系，那我们就可以用相关法来研究它们之间的相关程度。相关法是一种探索两个或两个以上变量之间相互联系的性质与紧密程度的研究。例如，我们想判断大学新生的自我价值感和普通心理学的学习成绩之间是否有联系（相关）。我们先要给这两个概念下一个操作性定义。该怎样测量自我价

值感和普通心理学的成绩呢？测量普通心理学的成绩比较简单，可以根据一个学期内某个学生这门课程的随堂考试成绩的总和来评定。而自我价值感的测量可以选择一个设计较好的测量工具进行测量。

3.实验研究

实验法是在控制的条件下系统操纵自变量的变化，以揭示自变量和因变量之间的内在关系的一种研究方法。

虽然实验研究与相关研究都是研究事物量变关系的，但这两种研究的实施是很不同的。在相关研究中，研究者对研究环境一般不加以控制，往往依据过去从现场收集到的资料用统计程序加以处理，建立变量之间的对称关系而不是因果关系。实验则不同，实验是当时在现场收集资料，对实验环境加以控制，并操纵有关变量以便建立因果关系。

心理学启示

心理学研究的方法有很多，各种研究方法都有其优缺点。我们应当根据研究问题的需要选择合适的方法，扬长避短。如果能合理地使用几种方法，取长补短，那么就会取得较佳的研究成果。

心理学与生活息息相关

生活中，相信我们都有很多不能理解的问题：有时，明明是自己喜欢的人，为何自己却故意冷落他（她），而面对不喜欢的人反倒热情相待，事后后悔不已？为什么有些人会有心理问题？为什么销售人员总是能轻松拿下客户？……我们也会遇到一些棘手的问题：最近心情不好该怎么排遣？如何挽回即将破碎的婚姻？怎样知道自己的心理是否健康？等等。其实，只要我们掌握一些心理学知识，便能得到答案，由此我们可以看出，心理学与生活密切相关，它并不是如人们想象得那么神秘。的确，我们总是能听见身边的人说"他是搞心理学的，什么鬼把戏也瞒不过他"，或者"还是搞心理学的，一点也不了解客户，至今还没发展一个大客户"。更有甚者，一听心理学，就把它同唯心主义、算命联系起来，把心理学视为"玄学"。从这一角度来看，我们有必要在生活中普及和应用心理学。

其实，心理学的许多知识都直接关系到生活的各个方面，具体来说有以下几点：

1.了解自身，认识他人

人类的心理是不可思议的，比如：为什么我们越是想做好一件事越做不好？为什么有些人囊中羞涩却总是喜欢请客？……实际上，这些行为和思维的背后是有一定原因的。如果能找出其中的缘由，人们就可以更透彻地了解自己和他人，在人际交往中也能避免很多不必要的麻烦。总而言之，心理学就像指南针一样，可以指导我们更好地了解自己、认识他人。

2.认识心理问题，及时发现心理异常症状

例如，变态心理学教会我们如何区分各种心理疾病，我们可以通过学习来了解自己是否达到某种心理疾病的标准，进行自我调节，必要时及时寻求专业帮助。

3.指导人们正确进行人际交往

与心理学联系最紧密的应该是社会心理学，社会心理学研究了人类的情感问题，人的喜怒哀乐、爱情、人际关系。它可以作为我们生活的指引，比如，我们通过学习可以知道爱情的类型，知道如何寻找自己理想的爱情，并且指导未来的婚姻生活。

不过，心理学的应用远不只以上三个方面，比如，可以通过研究发生自然灾害时人们的心理，制订出最合理的灾后心理疏导措施；通过研究罪犯的心理，可以采取适当的措施有效减少犯罪发生，并改造罪犯的人格；还可以通过心理学研究，减少人类视觉上的错觉导致的交通事故。总之，心理学的应用范围非常广，是一门非常深奥的学问。

心理学启示

心理学涉及认知、情绪、人格、行为和人际关系等领域，也与日常生活的许多方面——家庭、教育、健康等发生联系。一方面心理学尝试用大脑运作来解释个人基本的行为与心理机能，另一方面心理学也尝试解释个人心理机能在社会行为与社会动力中的角色；同时它也与神经科学、医学、生物学等科学有关，因为这些科学所探讨的生理作用会影响个人的心智。

第2堂课

常见行为心理解析：
为什么有这些举动

总是抢着买单的人是什么心理

生活中,有这样一类人,他们性情豪爽,天生爱请客,常常对周围的人说"这次我请你们",或者说"想吃什么,随便点,今天我请客"。当他们表露出请客欲望的时候,那种自豪感和满足感显得尤为突出。那么,他们为什么那么喜欢抢着买单呢?

周凯是一名电脑程序员,从毕业到现在已经工作五年,月入八千,在二线城市,以他的收入情况,他应该已经存了一笔钱,但实际上没有,因为他特别慷慨,总是喜欢请客。

周凯没有女朋友,一下班,他就喜欢约上几个同事或者朋友去酒吧玩。通常情况下,都是由周凯买单。其实,大家收入差不多,也都是单身男青年,对于这类吃吃喝喝的消费完全可以AA制,最初,同事也都提议费用大家一起平摊。但是,每当买单的时候,周凯就特别热情地说:"我来吧!今天玩得很高兴,我请客!"

久而久之,大家似乎都形成了一个习惯,只要周凯抢着买单,大家也都不跟他争了。有的同事觉得有便宜不占白不占,并且乐意享受这样的待遇;还有的同事感觉老是周凯一个人买单，显得矮人一截，于是干脆在下次出去玩的时候找借口避开了。

而周凯本人呢？他其实也是有苦说不出，由于自己太爱面子，喜欢打肿脸充胖子，在同事面前表现得大方慷慨，现在的他经常是不到月中就已经入不敷出，而正因如此，他也常常被父母责骂。

从周凯的经历中，我们大概能看出那些爱请客的人的心理，其实，最主要的原因就是想获得一种满足感。对他来说，虽然用于请客的开销很大，但是每次请客的时候，他的那种虚荣心得到了满足。

这种心态会让这类人有这样一些表现：他们会经常找一些由头来请客，比如，有事相求于朋友、联络感情等，甚至有些时候，他们根本找不到请客的理由，大家也提议AA制消费，但他们还是露出极为不高兴的神情，然后责怪说："你真是太见外了，太客气了，我付还不等于你付啊，大家都是自己人！"并且，从他们说话的口气中，我们能真切地感受到他们是充满诚意的，并且是充满自豪感的，但也许我们并不知道，他们的经济情况已经不允许他们这么做了。

我们其实也明白，一个人有能力为大家买单，证明他有足够的金钱，有足够的经济能力，他绝不会比别人差，所以，那些喜欢经常请客的人拥有一种强烈的自我满足欲望。

既然有人请客，那么，就一定有被请的人，其实，他们的心理也是微妙的、不尽相同的。这分两种情况：一种是吝啬鬼，他们觉得只要有人请客，那就应邀参加，不吃白不吃、不喝白不喝；另一种是他们在接受了别人的邀约后，会有一种不如人的感觉，因此，刚开始他们可能会高兴赴约，但久而久之，他们宁愿找借口推掉也不愿经受这种心灵的煎熬。对于第二类被请客的人，他们的这一心态其实与请客者是相同的，都是希望自己能充当保护者的角色。这一点，与过度保护孩子的母亲的心理非常类似。

我们不难发现，有这样一些母亲，她们对自己的孩子非常好，几乎包办了孩子所有的事，她们除了工作和打理家务外，还要为孩子做所有的事，她们很辛苦却很享受这样的过程。表面上看，她们是在保护孩子，但其实，她们是利用这种行为来保护自己。因为她们曾经享受过这种被人呵护的感觉，现在仍然在追求那种心理状态。因此，当他们当了母亲后，他们便把孩子当作保护的对象，以此来满足自己的欲望。根据这点，我们便了解了，这样的母亲看似疼爱孩子，其实更爱自己，因为唯有如此才能使她神采奕奕。

那些喜欢请客的人，表面上看，他们是热心的表现，但其实，这只不过是他们为了满足自己的形式而已。所以喜欢请客的人，和喜欢被人请的人凑在一起，彼此就各得其所，分别得到满足了。

心理学启示

我们周围总有一些爱请客的人，其实，归根结底他们是想在请客的过程中获得一种满足感。了解了他们的心态后，我们应抱着理解的态度与之相处，只要他们不是另有所求，大可接受他们的好意。这样，可以说是皆大欢喜。

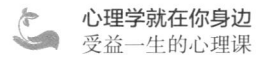

为什么越得不到的东西越珍贵

生活中,相信人们都有这样的心理感触:我们讨厌电视剧中插播广告,因为我们希望尽快了解剧情;对于没有购买到的衣服,我们会念念不忘,但一旦到手,就可能弃之如敝屣;打电话之前,我们会清楚地记得所要拨打的电话,但一旦打完,就将其抛诸脑后了……为什么会这样呢?其实,这都是**蔡格尼克效应**在起作用。

蔡格尼克效应是指人们对于尚未处理完的事情,比已处理完成的事情印象更加深刻。这个现象是蔡格尼克通过实验得出的结论。

这是20世纪20年代苏联心理学家B. B. 蔡格尼克在一项记忆实验中发现的心理现象。她让被试者做22件简单的工作,如写下一首你喜欢的诗,从55倒数到17,把一些颜色和形状不同的珠子按一定的模式用线串起来,等等。完成每件工作所需要的时间大体相等,一般为几分钟。在这些工作中,只有一半允许做完,另一半在没有做完时就受到阻止。允许做完和不允许做完的工作出现的顺序是随机排列的。做完实验后,立刻让被试者回忆做了22件什么工作。结果是,未完成的工作平均可回忆

68%，而已完成的工作只能回忆43%。在上述条件下，未完成的工作比已完成的工作被更加深刻地记忆，这种现象就叫蔡格尼克效应。

蔡格尼克效应说明一点，人们对未完成的事物和未得到的事物，都会产生较高的苛求度，这就是生活中人们常说的，越是得不到的，越是珍贵。

的确，人生在世，最珍贵的是什么？长久以来，大多数人认为世间最珍贵的是"得不到"和"已失去"。是啊，因为得不到，我们才憧憬，才梦想，才穷极一生去追求。哪怕像飞蛾扑火，哪怕像空中楼阁。因为得不到，我们会怅然若失，会绝望，会撕心裂肺。这种感觉会深刻地印在我们的记忆中，挥之不去，会时时困扰着我们的思想，影响着我们的生活，搅得我们寝食难安。我们念念不忘得不到的东西，于是便认定它才是最珍贵的。

得不到和已失去固然珍贵，但这并不是最珍贵的，人间最珍贵的应该是把握好现在你手中的幸福，好好珍惜眼前的生活。日休禅师曾经说过：人生只有三天——昨天、今天和明天。活在昨天的人迷惑，活在明天的人等待，只有活在今天的人最踏实。

是的，已失去好比是昨天，得不到好比是明天。珍贵的昨天已经失去，不再回来；没有得到的明天还没有来临，不能把握。我们应该珍惜今天的生活，认真地度过今天的每分每

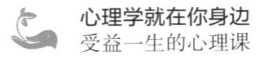

秒。珍惜你所拥有的东西，哪怕你现在没有觉得它有多么重要，多么珍贵；哪怕它平凡得像一棵草，普通得像一杯水，寻常得像一粒风中漂浮的尘埃。只有你珍惜它，才不会为将来失去它而痛苦，也不会为得不到的东西而耿耿于怀。

心理学启示

人们天生有一种办事有始有终的驱动力，之所以会忘记已完成的工作，是因为想要完成的动机已经得到满足；如果工作尚未完成，这一动机便使他对此留下深刻印象。这就是为什么人们常常感觉越是得不到的东西才越珍贵。然而，真正珍贵的是当下，是现在。因此，把握住幸福就要活在当下，珍惜当下！

为什么成人睡觉还怕黑

我们都知道，人类不是机器，人类在工作、学习了一天后，需要休息，"日出而作，日落而息"就是人们生活的真实写照。通常来说，休息就是要睡觉，而令我们感到奇怪的是，一些人在夜晚睡觉时，却不敢关灯，只有在有灯光的地方，他们才能安然入睡，这是为什么呢？我们不妨先来看看高中生琪琪的经历：

琪琪今年15岁了，她刚上高中，进入新的环境，她和同学们相处得很融洽，但需要住宿舍的她很不适应，因为宿舍十一点就会准时熄灯，而她只要一关上灯就会睡不着，她只好自己打开手电筒，但这会打扰室友们的休息，后来，她不得不回家住。其实，琪琪的父母早知道女儿在睡眠上有障碍，于是，他们决定尝试着让女儿克服一下。这天，他们强制琪琪关灯睡觉。谁知道，过了一会儿，他们就听到女儿卧室传来崩溃大哭的声音。

后来，母亲不得不带琪琪去看心理医生，在医生的鼓励下，琪琪说出了自己的心里话。原来，在她很小的时候，有一次，她和邻居家小朋友一起玩，对方给她讲了一个鬼故事。听完故事后她满怀恐惧蹒跚归家。从那次开始，她开始恐惧黑暗。

故事中的琪琪之所以不敢关灯睡觉，是因为她患了开灯睡眠癖。开灯睡眠癖是指在夜晚睡觉时必须开灯，且在睡眠状态下也不能熄灯，是对灯光依赖的一种不良心理嗜好。

开灯睡眠癖的病理实质是对黑暗的恐惧。这种对黑暗的恐惧多是从幼年期开始的。因为在此期间，儿童们最爱听有关鬼、神的故事。而通常来说，这类故事的背景、内容及人物的出现，又常常是在晚间或平常人所看不到的黑暗中，以显示神秘性。久而久之，在孩子们幼小的心里，便形成了一种心理定式，那就是妖魔鬼怪都是出现在黑暗中的，就形成了对灯光的依赖，导致不敢关灯睡觉，这是形成开灯睡眠癖的一个主要原因。在某一黑暗的情境中意外遭遇到可怕的事情，或在黑夜做了一个噩梦，这些恐怖的经历未能及时得到转化，也可能造成对黑暗的恐惧。

那么，该怎么矫正开灯睡眠癖呢？

1.可采用认知领悟疗法

对患者进行辩证唯物主义和无神论的教育，从而让他认识到世界上是不存在所谓的妖魔鬼怪的，所谓的妖魔鬼怪不过是神话而已；而他对妖魔鬼怪恐惧其实是年幼时期的一种稚嫩情绪的反应，这种情绪的存在才是导致他害怕黑夜的主要原因。

2.系统脱敏疗法

根据患者对黑暗的恐惧程度，建立一个恐怖等级表，然后按照从轻到重的顺序，依次进行系统脱敏训练，不断强化，直到能关灯睡眠为止。

例如，对于故事中的琪琪，可先由数人一起关灯谈话，到数人一起关灯静坐，再到二人一起关灯睡眠，再到一人关灯静坐，最后一人关灯睡眠。

心理学启示

开灯睡觉，很多人认为这只是个很平常的生活习惯，但是如果晚上睡觉必须一直开灯，就是心理疾病了，这就是开灯睡眠癖。如果患有这一睡眠障碍，一定要及时治疗，毕竟充足的休息和睡眠，才能保证我们有精力去进行第二天的生活。

第3堂课

寻根究源：洞悉人类行为动机和心理需要

养宠物为什么能让人开心

生活中，我们经常看到这样的场景：清晨或傍晚，在公园或者马路上，一个人牵着一条狗散步……现代社会，养宠物的人越来越多，并且，所养宠物的种类也越来越多。有人养猫，有人养狗，有人养鸟，人们为什么越来越热衷于养宠物呢？

关于为什么养宠物，最常见的说法是"作伴"。在国外有研究证实：在日常生活中，有宠物陪伴的孤寡老人的身体状况较为良好，寿命也有所延长。而在我国，父母工作繁忙，无法经常陪伴孩子的家庭也会考虑饲养宠物陪伴孩子。

玲玲从大学毕业后，就离开湖南老家去了北京，成了北漂一族，她之所以去北京，原因只有一个——男朋友在北京。然而，到北京三个月后，她就发现男朋友有了新欢，于是，她很干脆地说了分手。

然而，在没有一个朋友的北京，失恋的她好像失去了生活的重心，不知道何去何从。一次，她浏览网页时，无意中看到有人因为出国要送出自己的小狗，这引起了玲玲的兴趣。最后，玲玲很顺利地得到了这只小狗，它的名字叫果果。

虽然照看果果有点麻烦，但玲玲很开心，每天早上，在自己洗漱完之后，也会喂果果吃早餐，带它去楼下散散步，回来刚好七点，然后她再去上班。

果果是只很可爱的小狗，它不会在家里大小便，玲玲不在家的时候，它会安静地躺在沙发旁，晚上，玲玲一回家，它就很高兴地跑过去，然后黏着玲玲不放。

现在玲玲常对周围的新朋友们说，那段时间幸亏有果果，不然她真不知道怎样熬过那段最痛苦的失恋岁月。

从玲玲的经历中，我们发现，养宠物确实会让人感到身心愉快，在照料宠物的过程中，我们的心情能得到舒缓，同时，宠物是很好的听众，我们不必担心它会泄露我们的秘密。的确，有时候与宠物交流获得的乐趣和满足，是人与人之间的交流所不能得到的。

养宠物可以表达压抑的情感。人都有多面性，她表现出来的不一定是她最真实的一面，这个时候就产生一种压抑。压抑需要排解，养宠物可以表达自己内心的欲望，也是一种排解。所以会看到这种现象，一个看起来斯斯文文的女孩，却养了一条凶猛的大狗。

当然，养不同的宠物能体现养宠物者的不同心理。

鱼是人们饲养的宠物中比较多的一种，鱼与其他动物的生存环境不同，鱼缸有多大，鱼的世界就有多大。喜欢养鱼的人，大都更向往自由自在的生活，崇尚大自然，拒绝受到束缚，需要广阔的自由空间。

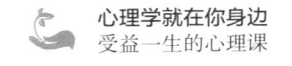

鸟是一种在古代被人们普遍豢养的宠物。由于它的羽毛华丽、体姿优美和鸣声悠扬动听，历来被人们钟情并宠爱。养鸟的人，通常有着双重性格，一方面渴望飞翔，渴望自由，另一方面害怕失去现实的生活，所以和他们打交道要特别注意，千万不要被他们的双重性格弄得一头雾水。而且养鸟的人较为孤僻，不善于交际。

养另类宠物往往代表自己的一种愿望，这种愿望是独特的，很引人注目的，但很多时候那种独特感、优越感，恰恰反映出内心的脆弱与无助。

从心理学上说，养宠物有着诸多的积极意义。不管出于什么心理养的宠物，都有着积极的意义，宠物是排解情绪的一个渠道。

心理学启示

养宠物不是坏事，但一定不要把生活的重心全部放在宠物上，要多发掘一些兴趣爱好，发现世界的精彩，并不是只有宠物才可以带来愉悦的生活。

什么是心灵上的归属感

　　提到现代企业，我们最容易想到的就是人性化管理，所谓人性化管理，就是一种在整个企业管理过程中充分注意人性要素，以充分挖掘人的潜能的管理模式。的确，一个企业其实就像一个大家庭，而员工就是家庭成员。一个家庭，只有做到"家和"，才能"万事兴"，所以，一个企业的发展，贵在人和。要想人和，就离不开"暖意融融"的人文关怀。而作为企业的大家长，管理者只有正确把握好方式方法，坚持用真诚、平等、温暖的情怀去管理，才能让人感觉到春天般的希望，才能使全"家"上下具有共同的奋斗目标和价值追求，对家有强烈的归属感和认同感，对组织有充分的信任感和依托感。如此这般，才能人人心情舒畅，保持积极向上的心态，齐心协力干事业，推动企业繁荣发展。

　　一到年底，看到别人拿着一大笔的年终奖，崔嘉就有年后跳槽的冲动。她现在所供职的这家公司，由于体制原因，比同行业其他公司的收入要少很多，各项福利待遇甚至是全行业最低。"工作说到底就是赚钱养家，高薪当然更具吸引力。"崔嘉说，以前她经常为跳槽的问题而纠结。

虽然想过跳槽，但她从来没有付诸过行动，个中原因就是她很享受现在的工作氛围。"公司的人际关系并不复杂，我和同事的关系也都非常好，特别是老板、经理为人也比较厚道。"崔嘉觉得，在这样的环境里工作，心情一直非常舒畅，干得开心比什么都重要。要是换了一家公司，遇到一个不好的老板，那就得不偿失了。因此，她决定在这家公司坚持干下去。

崔嘉的心态真实地反映了相当一部分职场人的心态。与同事、领导和谐的关系与高薪相比哪个更重要？不同的人因为各自追求和所处环境的不同，答案自然也不尽相同，但不可否认的是，很多人都选择了前者。他们之所以有这样的选择，是因为他们在企业内感受到了归属感。

那么，什么是归属感呢？

归属感是指团体中的成员都有隶属这个团体的感觉。这种心理的产生是由于人的本性需要所致，即生活在社会中的人渴求他人的友谊，得到他人的认可。因为个人的能力、才华的展现均需要在团体中才能实现。

不难发现，归属感是赢得员工忠诚、增强企业凝聚力和竞争力的根本所在。举个很简单的例子，如果企业管理者在平时注重对员工的人性化管理和员工归属感的培养，那么，在企业遇到难题时，员工一定会挺身而出，与企业共渡难关。

所以，员工的归属感对企业的发展尤为重要，那么，作为企业的管理者，如何利用心理学知识，培养员工对企业的归属感呢？有以下三点建议：

1.注重和员工的交流，提升员工的亲近感、自主感

我们先来看摩托罗拉公司是怎么实现领导与员工的意见互通的。

1998年4月，摩托罗拉（中国）电子有限公司推出了"沟通宣传周"活动，内容之一就是向员工介绍公司的12种沟通方式。比如员工可以以书面形式提出对公司各方面的改善建议，全面参与公司管理；可以对问题进行真实的评论、建议或投诉；定期召开座谈会，当场答复员工提出的问题，并在7日内对有关问题的处理结果予以反馈；在《大家》《移动之声》等杂志上及时地报道公司的大事动态和员工生活的丰富内容。另外，公司每年都召开高层管理人员与员工沟通对话会，向员工代表介绍公司的经营状况、重大决策等，并由总裁、人力资源总监等回答员工代表提出的各种问题。

古语云：上下同心，其利断金。正是通过这样一系列的举措，摩托罗拉让员工感受到了企业对自己的尊重和信任，从而产生了极大的责任感、认同感和归属感，促使员工以强烈的责任心和奉献精神为企业工作。

2.建立安全感

"安全"环境其实就是一个轻松、和谐、不用担心被谴责的工作氛围。的确，人们只有在一种安全机制下，才可以轻松

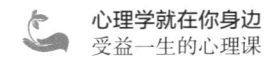

投入，当人们觉得不安全时，会产生很强的自卫意识，会变得担心、胆怯、敏感等。因此，作为管理者，要尝试使用各种方法为员工建立安全的工作环境，从而培养员工的团队精神，使其能创造性地解决问题。

3.让员工有成就感

只有让员工觉得自己做的是有意义的工作，他们才有奋斗的动力，因此，管理者要对员工的工作不时地进行表扬，肯定他们的工作；另外，不要忘了给员工施展才华的机会，并委以重任，让他们从工作中获得成就感。

心理学启示

企业重视员工归属感，能让员工感受到被尊重，那么，作为管理者的你，就无须对员工灌输所谓的敬业奉献，你也不用害怕员工自己管理不好自己。你应该对员工的自我管理水平抱有信心，相信他们能提高工作效率！

为什么"男女搭配,干活不累"

现实生活中,我们发现一个奇怪的现象,男服务员在接待女顾客时往往比接待男顾客更加热情。一个由男性组成的团队如果突然有一个女性加入,团队气氛会立即活跃起来。其实,这就是**异性效应**的作用,人们常调侃的"男女搭配,干活不累",其实也是这个道理。

异性相吸的道理,就像物理学中,磁场会产生同极相斥、异极相吸的现象一样。

的确,在一个只有男性或女性的工作环境里,不管条件多优越,不论男女,都容易疲劳,工作效率也不高。异性效应是一种普遍存在的心理现象,其表现是有两性共同参加的活动,较之只有同性参加的活动,参加者一般会感到更愉快,干得也更起劲、更出色。这是因为当有异性参加活动时,异性间心理接近的需要得到了满足,因而会使人产生不同程度的愉悦感,并激发内在的积极性和创造力。男性和女性一起做事、处理问题都会显得比较顺利。

那么,为什么会产生异性相吸的现象呢?在社会生活中,由于对异性欲求和尊重欲求的本能需要,在与异性接触中,人

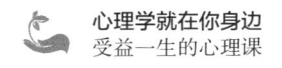

会潜意识地追求"自我表现良好"以取悦对方。这样一来，双方自然会产生热情、友好的情感。此时的情感是内心体验的一面镜子，谁都愿意在异性面前留下一个美好的形象，这就不知不觉地提高了相互行为的互补性、约束性、激励性，还能给人带来愉悦的情感。与此同时，愉悦的情感还有助于活跃思维，增强记忆，使人奋发向上，人如果处于满怀激情的状态下，会迸发出更大的力量，激发非凡的能力。

可见，在日常工作中，精神上互悦、智力上互促、气质上互补、事业上互助，异性效应能让员工事半功倍，感觉生活轻松愉快。

因此，我们不难发现，很多管理人员在为员工安排工作的时候，都会遵循这一原则，从而让他们发挥最高的工作效率。

当然，男女有别，即使是同事，每天在一起相处，也要保持一个度，不可太亲密，否则就有轻佻之嫌，还易造成一些不必要的误会。

不过，在男女之间交往时，我们也不宜太严肃冷淡，理智从事，善于把握自己的感情固然必要，可是太冷淡严肃，就会伤害对方的自尊心，也会让人感觉你高傲无礼，从而对你敬而远之。这对于完成一致的任务势必会起到阻碍的作用。

> **心理学启示**
>
> "男女搭配，干活不累"，异性相吸定律对个人和组

织的启示不言而喻。但是，只有健康的关系才是有效的，在与异性的合作中，也要把握好分寸和原则，使异性交往成为我们工作中的好调料。

好学生为什么突然考砸了

天天是一个普通工人家的孩子,有两个姐姐,他是家中年龄最小的,也是唯一的男孩子,父母宽厚待人、严于律己的生活态度深深地影响着子女。从小,天天就是个很懂事的孩子,无论是学习还是生活上,他从来不让父母操心,小学成绩一直名列前茅。考入市重点中学后,初中阶段的成绩总在全班名列前茅,后来,升入高中后,因为竞争激烈,他的成绩下降到全班第十名左右,于是,从高二开始,天天更加刻苦学习,每天学到深夜12点多,不敢看电视或出去玩。

然而,临近高考的天天却出现了一些心理障碍,他无法集中精力学习,上课不停地开小差,总想一些不相干的事,看到身边的同学都在全神贯注地学习,他更加着急,但越是着急越容易开小差。考试成绩也越来越糟,原来是班里前十名,现在退到十五六名。他担心这样会考不上大学,于是,他不得不求助于心理医生。

这是天天与医生的一段对话。

"一堂课,你通常会开多长时间的小差?"

"大概10分钟吧。"

"那你希望怎么样呢？"

"我希望自己上课不要开小差，集中精力听课，医生，你能帮帮我吗？"

"当然，那你能告诉我，你开小差的时候都在想什么吗？"

"会想些乱七八糟的事，比如，我会想，我现在住在家里，别人住校就有足够的时间学习，我还要坐公交车回家，万一被人超过了怎么办？我还会想，万一我考不上大学怎么办？总是想这些问题，耽误了不少时间。"

"如果将所有的精力全部用在学习上，你会考多少名？"

"我觉得考前三名没问题。"

"也就是说，你认为自己的实力其实是不比别人差的，而你考不好的原因是因为你没有将自己的精力全部用到学习上？"

"……也不一定。"

"那你现在用在学习上的时间多吗？"

"是的，但不知道为什么，用的时间虽然多，却不见什么成效。"

"根据你以前的经验，如果整天为不能将所有精力放在学习上而着急，并一味地增加学习时间，减少睡眠与休息，会有什么样的结果？"

"好像越来越糟糕。"

"那也就是说，你也认为越是着急，越是给自己加压，情况越糟糕？"

"嗯，是的！"

"既然如此，为什么还要着急呢？"

"我好像控制不住自己。"

"好，现在假设我们换一个态度，我们自己只要尽力了，就对得起自己和父母了，成绩怎样那是老天爷的事，这样会有什么样的结果？"

"可能会放松一些。"

"嗯，既然你能这么想，那就好办多了。举一个例子，假如两个同学同是70分成绩的实力，一个极力想考80分，终日紧张，学习效率下降，考试时发挥不出水平，最终只考了60分；另一个比较能接受70分的现状，该学时认真学，该玩时就放松玩，最后考试发挥出色而考出80分的好成绩，你能理解吗？"

"能……"

从天天遇到的情况中，我们不难看出，在学习这一问题上，天天之所以会考试成绩不断下降，是由于他不断给自己加压，他要让自己把所有的精力都用在学习上，这是一种苛求自己的表现。但事实上，我们可以掌握自己努力的程度，却把握不了最终成绩。无形之中，他给自己制造了遭受挫折的条件。可以这么说，他精力不集中正是将精力用至极点的表现。

也就是说，在考试这一问题上，有个很奇怪的现象，过分想考好时反而考不好，不特别在意成绩反而考得更好，正如道家所讲的"无为而无不为"，越刻意追求某种结果反而越达不到，而真正做到"无为"则在无意中什么都得到了。其实，世界上很多事是不以我们的主观意志为转移的，客观世界如此，我们的主观世界同样如此。不管你承认与否，我们不可能完全控制自己的心理现象。至于学习成绩的好坏，更是主观意志不可能完全控制的，它与你的智力、考试时的心理和生理状况、老师出题的偏好等因素密切相关。作为学生，你只需要做到平时学习认真、注意学习技巧，不打疲劳战，劳逸结合，在生理及心理允许的范围内尽可能多地投入学习时间就够了，至于考试成绩如何不要过分在意。也就是**多注意过程，少注意结果**。

心理学启示

世间万物，很多都不是以我们的意志为转移的，持有无为的心态对待考试以及生活中的其他事，那么你承受挫折的能力将会大大提高，心理更健康，生活更愉快！

第4堂课

学习调整自我的心理课：保持心灵健康的法则

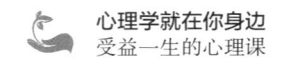

换个角度看问题，也许你会看到不一样的风景

　　人生就像一朵鲜花，有时开，有时败，有时候微笑，有时候低头不语。曾经听过这样一个故事：一个老太太有两个儿子，一个卖伞，一个刷墙。于是，老太太天天提心吊胆，闷闷不乐，因为晴天的时候，她担心儿子的伞卖不出去，下雨的时候，她又开始发愁另外一个儿子没法刷墙。后来，一位智者告诉她："要多个角度看问题，你想想，下雨的时候伞会卖得最多，天晴的时候刷墙正好，什么时候都不会错的。"老太太听了，笑逐颜开，再也不担心了。

　　其实，人生就是这样，无论你处于什么样的境地，多角度看问题，你就会发现我们打开了心灵的另一扇窗户，你会发现人生是美好的，而我们所遭遇的那些根本算不了什么。人生之路本就是一条曲折之路，当我们被绊倒的时候，应多角度看问题，打开心灵的另一扇窗，以一种积极、乐观的态度去面对人生中的一切。半杯酒静静地在杯子中，来了个酒鬼，看了看，摇摇头说道："嗨，只有半杯酒。"过了一会儿，又来了一个酒鬼，看到以后兴奋地说："太好了，还有半杯酒。"足见，从不同的角度看问题，会让我们获得一种截然不同的心境。所以，学会多角度看问题吧，这样你会发现事情远没有想象中那么糟糕。

有四个小孩在山顶上玩耍，正玩得起劲，突然，从山顶处窜出来一只大狗熊。第一个小孩反应很快，拔腿就跑，一口气跑了好几百米，跑着跑着，他感到身后没有人，回头一看，其他三个孩子都没有动，他大声喊道："你们三个怎么还不跑呀？狗熊来了会吃人的！"

第二个小孩正在系鞋带，他回答说："谁不知道狗熊会吃人呀，但是别忘了狗熊最擅长的就是长跑，你短跑有什么用？我不用跑过狗熊，只需要跑过你就行了。"这会儿，他惊奇地问旁边的小孩："你愣着做什么？"第三个小孩说："你们跑吧，跑得越远越好，一会儿狗熊跑近我的时候，我保持安全距离，带着狗熊到我爸爸的森林公园，给我爸爸带回一份固定资产。"说完，他忍不住问第四个小孩："你怎么不跑啊？"第四个小孩说："你们瞎跑什么呀，老师说了，在没有搞清楚问题的时候，不要乱做决策，不要乱判断，需要做好调查。狗熊是不会轻易吃人的，你们看山那边有一群野猪，狗熊是奔着野猪去的，你们跑什么呀？"

面对"狗熊来了"这一件事，不同的小孩有不同的思维方式，而每一种思维方式都比前一种考虑得更周到。事实上，当我们试着多角度看问题的时候，你会发现狗熊并不是冲你来的，内心那些恐惧和忧虑是多余的，完全没有必要，生活依然是美好的，我们完全可以放下心中沉重的包袱。每一个人眼中都有一个与众不同的"小宇宙"，不同的人在各自的"小宇宙"中发现着不同的色彩，演绎着各自的人生。

老师在白纸中画了一个黑色圆点。老师问学生："你们看见了什么？"全班同学一起回答："一个黑点。"老师说："你们只说对了一部分；画中最大的部分是空白。只见小，不见大，就会束缚我们的思考力，许多人不能突破自己，原因就在这里。"很多时候，传统的思维定式会束缚我们的想象力，而多角度看问题，我们可能会有新的发现。

英国曾举办过一次有奖征答活动，题目是这样的：在一只热气球上，载着三位关系着人类生存的科学家。一位是环保专家，如果没有他，地球在不久之后会变成一个到处散发着恶臭的太空垃圾场；一位是生物专家，他能使不毛之地变成良田，解决几亿人的生存问题，还能够运用基因技术使人的寿命延长到200岁；还有一位是国际事务调解专家，如果没有他的存在，各个军事大国的矛盾可能就会一触即发，地球将笼罩在核战争的阴影之中。但是，不幸的是，三位科学家所乘坐的热气球发生了故障，正在急速下坠，把其中一个人扔出去才有可能脱离危险。问题是：把谁扔下去呢？

到底该把谁扔下去呢？下面的孩子们想了起来：环保专家很重要，没有他人类将会灭亡；可是，生物专家解决的是生存问题，没有了粮食人类就会饿死；而国际调解专家也很重要，如果发生了核战争，人类也将会灭亡。这时，一个小男孩说出了正确的答案："把最胖的一个扔下去。"

有时候，我们凭着传统的思维来解决问题，常常会感到无所适从，谁知，机会往往会在你犹豫不决时悄然离去。如果我们都能像那个小男孩一样，跳出常规思维，多角度去思考，用一种全然不同的思路和方法解决问题，可能就会有豁然开朗的感觉。

心理学启示

在现实生活中，许多事情都具有多面性，多个角度或者换个角度，你就会有不同的心情、不同的答案。多角度看问题，我们要有推翻成见的勇气和别出心裁的智慧，即使在黑暗的峡谷，我们也能沿着光走出来，顿时，你会有一种豁然开朗的感觉。

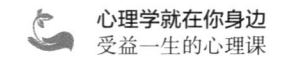

告别悲观抑郁，生活本就丰富多彩

让生活变得丰富多彩，不要悲观抑郁。有两个人，一个叫乐观，另一个叫悲观，两人一起洗手。端来了一盆清水，两个人都洗了手，但洗过之后水还是干净的，悲观说："水还是这么干净，怎么手上的脏物都洗不掉啊？"乐观却说："水还是这么干净，原来我的手一点都不脏啊！"几天过去了，两个人又一起洗手，洗完发现盆里的清水变脏了，悲观说："水变得这么脏，我的手怎么这么脏呀？"乐观却说："水变得这么脏，瞧，我把手上的脏东西全部洗掉了！"同样的结果，不同的心态，那么就会有不同的感受。

马克·吐温说："世界上最奇怪的事情是，小小的烦恼只要一开头，就会渐渐地变成比原来厉害无数倍的烦恼。"对于那些习惯于活在抑郁、悲观生活里的人，一点小小的烦恼恰似一颗毒瘤，每天都在不停地生长着，最终，毒瘤化脓，而他自己则被抑郁吞噬了。悲观、抑郁被称为"心灵流感"，在现代社会，它成了一种普遍的情绪，但是并没有引起人们足够的重视。有人或许认为一点抑郁或悲观算不了什么，离真正的抑郁症还远着呢，但是，长期的抑郁或悲观，会让我们感到失望，丧失理智，就好像长期生活在阴影里而无力自拔，给我们的生活带来严重的影响。因此，为了使生活变得丰富多彩，我们应该远离悲观和抑郁，积极调整自己的心态，走出抑郁、悲观的阴霾，重见灿烂的阳光。

小时候的里根非常乐观，然而，他的弟弟却是个典型的悲观主义者。有一天，爸爸妈妈希望改变悲观的弟弟，于是，他们做了一些事情：送给里根一间堆满马粪的屋子，送给悲观的弟弟一间放满漂亮玩具的屋子。过了一会儿，爸爸妈妈走进悲观弟弟的屋子，发现弟弟正坐在角落里哭泣，而大多数的玩具几乎没有动过，爸爸妈妈询问原因，弟弟哭着说了原因。原来，他不小心弄坏了其中一个小玩具，害怕爸爸妈妈会骂自己，所以，他哭了起来。

爸爸妈妈牵着悲观弟弟的手，来到了里根的屋子，打开门，发现里根正兴奋地用一把铲子挖着马粪。里根看到爸爸妈妈来了，高兴地叫道："爸爸，这里有这么多马粪，附近一定会有一匹漂亮的小马，我要把这些马粪清理干净，一会儿小马就来了。"

长大后的里根做过报童、好莱坞演员、州长，最后成了美国总统，他是第一位演员出身的美国总统。在这样的成长过程中，正是里根乐观积极的性格才造就了他最后的成功。乐观成了里根成功路上的助推器。相反，悲观、抑郁则是前进道路上的障碍。那些一味抱怨的悲观者，他所看到的总是事情的灰暗面，即使到了春天的花园里，他所看到的也只会是折断了的残枝、墙角的垃圾；而内心充满希望的乐观者，看到的却是姹紫嫣红的鲜花、飞舞的蝴蝶，自然而然，在他的眼里到处都是春天。

有两位年轻人到同一家公司求职，经理把第一位求职者叫到办公室，问道："你觉得你原来的公司怎么样？"求职者脸色阴郁，漫不经心地回答说："唉，那里糟透了，同事们钩心斗角，部门经理十分蛮横，总是欺压我们，整个公司都显得死气沉沉，生活在那里，我感到十分压抑，所以，我想换个理想的地方。"经理微笑着说："我们这里恐怕不是你理想的乐土。"于是，那位满面愁容的年轻人走了出去。

第二个求职者被问了同样的问题，他却笑着回答："我们那里挺好的，同事们待人很热情，互相帮助，经理也平易近人，关心我们，整个公司的气氛十分融洽，我在那里生活得十分愉快。如果不是想发挥我的特长，我还真不想离开那里。"经理笑吟吟地说："恭喜你，你被录取了。"

在很多时候，我们的生活状态在很大程度上取决于我们对生活的态度，取决于我们看待问题的方式。每个人的人生都是从一张白纸开始的，以后所发生的事情都会一一在白纸上绘满：包括我们的经历，我们的遭遇，我们的挫折。乐观者会从中发现潜在的希望，描绘出亮丽的色彩；反之，悲观者总是在生活中寻找缺陷和漏洞，所看到的都是满目黯淡。

心理学启示

对每个人来说,悲观、抑郁就是飘浮在天空中的乌云,它遮住了生活的阳光。因此,为了让我们的生活重见阳光,要远离悲观、抑郁,积极乐观向上地活着。

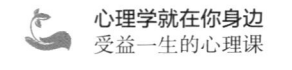

别让紧张的心情影响自己

　　一种美好的心情，犹如一剂能解除生理上的疲惫和痛楚的良药。然而，在现实生活中，有一种情绪时常困扰着我们，诸如在独自登台表演或演讲的时候、与陌生人沟通的时候、在公众场合说话的时候等，紧张的情绪会冒出来困扰我们，影响我们的一举一动。有时候，紧张的情绪使我们怯场，使内心有了退缩的念头；有时候，紧张的情绪会让我们心中大乱，最终以失败收场。总而言之，紧张的情绪似乎总是跟随我们左右，影响我们的言行举止。紧张总是有意或无意地干扰着属于自己的优雅，在紧张的心境下，我们似乎没有办法做好任何事情。所以，要想让自己内心强大，拥有一份美好的心情，我们应该努力克服内心的紧张情绪。

　　亚伯拉罕·林肯出生于一个农民家庭，他曾经是一个内心自卑却又渴望成功的人。

　　林肯当选美国总统后，复杂而令人头疼的政事使他患上了抑郁症，在患病的那一段时间里，林肯经常失眠，内心时刻充满着紧张的情绪，他甚至对自己的生活感到了绝望。每一次会议，林肯都沉默不语，并不是他习惯于如此，而是源于内心的紧张。后来，心理医生建议他"重新找回自信"，在医生的帮助下，林肯喜欢上了剪报。每天，他都会剪下报纸里对自己的赞美之词，然后揣在口袋里，这样，内心紧张的情绪就会减弱一点。每当重大会议召开之前，林肯都会心情紧张，这时，他会从口袋里掏出剪报，鼓励自己。"将别人的鼓励随身携带，以舒缓紧张的精神"，林肯一直都保持这个良好的习惯。就在林肯不幸遇刺后，人们还从他的上衣口袋里，发现了那些赞美他的剪报。

　　一位曾被紧张情绪困扰的人这样说道："过去的我，性格非常内向，每天都感觉特别紧张，活得十分痛苦，虽然，我尽力伪装自己使自己显得很正常，但是，我非常清楚自己的心境是处于病态中的，当逃避和伪装让自己不胜疲惫的时候，我终于选择了面对，心里越是害怕与人沟通，我就越要与人主动沟通；越是不喜欢人多的地方，我就越给自己机会来面对人群。在这种与自己抗争的艰辛历程中，我得到了前所未有的历练和成长。"其实，紧张的情绪对于我们来说，并不可怕，只要我们鼓起勇气，就能够克服内心的恐惧，从而使自己变得强大起来。

心理学启示

　　在生活中，要想克服紧张的心理，我们就应该努力把自己从紧张的情绪中解脱出来。有效消除紧张心理，从根

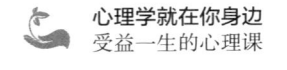

本上说就是要降低对自己的要求，一个人如果十分争强好胜，每件事情都追求完美，那么，常常就会感觉到时间紧迫，内心自然充满紧张。而如果我们能够清楚地认识到自己的能力，放低对自己的要求，凡事从长远打算，这样，心情自然就会放松。

控制情绪，保持心理健康

在现实生活中，可能有许多的人和事令我们感到生气，这时，心中就会不断地涌上愤怒的情绪，导致自己的感觉很糟糕。有时候，心理上的情绪失控会给我们的生活带来一些不必要的麻烦，甚至，会导致心理不健康。所以，要想保持心理健康，我们就应该努力控制自己的情绪，争做情绪的主人。在成功的路上，我们最大的敌人并不是缺少机会，或是能力不够，而是缺乏对自己情绪的控制。生气的时候，不能克制心中愤怒的情绪，使身边的人望而却步；消沉的时候，过于放纵自己的萎靡，这样我们就错过了许多稍纵即逝的机会。

有一天，美国陆军部长斯坦顿来到林肯办公室，气呼呼地对林肯说："一位少将用侮辱的话指责你偏袒一些人。"林肯笑着建议："你可以写一封内容尖刻的信回敬那个家伙。可以狠狠地骂他一顿。"斯坦顿立即写了一封措辞强烈的信，然后交给总统看，林肯高声叫好："对了，对了，要的就是这个，好好训他一顿，写得太绝了，斯坦顿。"

但是，当斯坦顿把信叠好装进信封的时候，林肯却叫住他，问道："你干什么？"斯坦顿有点摸不着头脑，说道："寄出去呀。"林肯大声说："不要胡闹，这封信不能寄，快把它扔到炉子里去，凡是生气时写的信，我都是这么处理的，这封信写得很好，写的时候你已经解气了，现在感觉好多了吧，那么就请你把它烧掉，再写第二封信吧。"

约翰·米尔顿说："一个人如果能够控制自己的激情、欲望和恐惧，那他就胜过了国王。"有时候，情绪不仅是心灵健康的庇护神，而且，它在我们决胜的关键时刻也异常重要。在现实生活中，面对不同的环境，不同的对手，我们采用何种手段并不重要，控制好自己的情绪才至关重要。每个人都有自己的情绪，而情绪是一种抓不住的东西，在很多时候，它令我们捉摸不定。但是，不管情绪如何难以变化，我们都应该努力控制好它，保持平静的状态，以此保持心灵健康。

有时候，我们评价一个人的标准，只需要看一个人的涵养和行事的风格，就可以知道他是否能成为可塑之才，是否能成就一番事业。因此，如果你想成为一个有卓越成就的人，除了具备一定的常识和能力之外，还在于能否控制好情绪。如果能控制好情绪，就可以化阻力为助力；相反，若是不能掌控好情绪，便很容易激怒，甚至出现一些非理性的言行举止，而这将给自己带来一系列的麻烦。所以，保持心理健康，应努力控制自己的情绪，让自己成为情绪的真正主人。

胡佛是一位著名的飞行员，他常常在航空展览中心做飞行表演。有一次，胡佛在圣地亚哥航空展览中心做表演，飞机将要飞回洛杉矶，正当飞机飞行于300米高空的时候，飞机的两个引擎突然熄火了。幸运的是，胡佛技术熟练，操纵飞机安全着陆，虽然飞机受到了严重损坏，但是没有任何人受伤。

飞机降落之后，胡佛开始检查飞机的燃料，结果不出预料，原来自己所驾驶的螺旋桨飞机，里面装的居然是喷气机燃料而不是汽油。回到机场以后，胡佛要求见为自己保养飞机的机械师，那位年轻的机械师感到十分恐惧，因为他知道自己的一时过错差点酿成大祸。胡佛走了过去，年轻的机械师流下了眼泪，自己造成了昂贵的损失，甚至差点使三个人失去生命。胡佛心中异常愤怒，很想痛斥机械师一顿，但是，他很快压住了自己的愤怒情绪，并没有责骂那位年轻的机械师，而是温和地说："为了表示我相信你不会再犯错误，我要你明天再为我保养飞机。"说完，胡佛用手臂抱住了机械师的肩膀，而自己的心中从来没有这么平静过。

面对机械师所造成的严重错误，胡佛虽然生气，但他及时地控制了愤怒的情绪，因为他知道，如果自己任意发脾气，指责和挑剔机械师的过错，那很有可能会毁掉年轻机械师的一生，更何况即使自己发泄了情绪，获得了暂时的快感，以后也可能会后悔。

心理学启示

情绪是指人们对环境中客观事物的一系列主观感受，是一种对人生成功具有显著影响的非智力潜能因素。美国密歇根大学心理学家南迪·内森通过一项研究发现：一般人的一生平均有十分之三的时间处于情绪不佳的状态，因此，人们常常需要与那些消极的情绪做斗争。一般情况下，成功者会控制自己的情绪，失败者则被情绪控制，而那些能够控制情绪的人，实际上就是心理障碍突破最多的人。每个人都有或大或小的心理障碍，而这将会影响我们的心理健康。所以，要想心理健康，我们应该努力突破心理障碍，控制好自己的情绪，这样我们才有可能成为成功者。

抑制愤怒，保持心态的平和

　　远离冲动，抑制愤怒，我们才能驶向开心的彼岸。2006年世界杯足球赛，在法国队与意大利队的决赛中，在加赛的最后10分钟，由于受到对手挑衅，法国队球星齐达内情绪失控，用身体冲撞对方球员，给自己带来了一张红牌，同时，给自己的足球生涯画上了句号，并导致了意大利队的最后胜利。

　　生活中，那些愤怒的情绪往往会挑起内心的冲动，而冲动的结果令我们更加愤怒，如此这样，便会形成一种恶性循环，一发不可收拾。有人这样生动地形容愤怒：人们在愤怒时就像是在喝酒一样，一旦喝下了第一杯，就会一杯接着一杯地喝下去，后来，越喝就越醉。就这样，那些容易愤怒的人一旦陷入了愤怒的情绪里，就难以摆脱。心理学家认为：愤怒是一种最具破坏性的情绪，它给人带来的负面情绪可能远远超过我们的想象。无疑，愤怒的情绪将严重地影响我们的生活，让生活失去平和。因此，面对愤怒的情绪，我们应该努力克制，只有平和才能让我们生活更加美好。

　　从前，有一个叫爱地巴的人住在西藏，他有一个很特别的习惯：每次生气或与别人争吵的时候，他都会以很快的速度跑回家，然后，绕着自己的房子和土地跑三圈，跑完以后，就坐在田边喘气。许多人对他这样的习惯很不理解，每次好奇地问他这是为什么，爱地巴总是微笑着不语。

爱地巴是一个勤劳而精明的人，在自己的努力经营下，爱地巴的房子越来越大，土地也越来越广，但不管房子和土地有多大多广，一旦遇到了自己生气或者与别人争论的情况，爱地巴依然会绕着自己的房子和土地跑三圈。

直到有一天，爱地巴老了，他的房子变得更大，土地也变得更广，不过，这并没有影响他那数十年不变的习惯。每当爱地巴生气的时候，他仍然会拄着拐杖艰难地绕着自己的房子和土地走三圈。好不容易走完了三圈，太阳已经下山了，而爱地巴则独自坐在田边，一边喘气，一边欣赏着自己的房子和土地。

这时，孙子在爱地巴身边恳求："阿公！您可不可以告诉我？"爱地巴感到不解："告诉你什么呢？"孙子挨着爱地巴坐了下来，说道："请您告诉我，您一生气就要绕着土地跑三圈的秘密？"爱地巴笑着说："年轻的时候，只要一和别人吵架、争论、生气，就会绕着房子和土地跑三圈，一边跑一边想：房子这么小，土地这么少，哪有时间去和别人生气呢？一想到这里，我的气就消了，整个人变得平和起来，把所有的时间都用来努力工作。"孙子感到很不解："阿公！可是，现在您已经年老了，房子变大了，土地也多了，您已经是最富有的人了，那为什么还要绕着房子和土地跑呢？"爱地巴温和地说："可是，我现在依然会生气，为了克制内心愤怒情绪的蔓延，我在生气时还是绕着房子和土地跑三圈，边跑边想：自己的房子这么大了，土地这么多了，又何必要和别人计较呢？一想到这里，我的气也就消了。"

任何事情都不像你想象得那么糟糕，没有必要一直耿耿于怀。那么，如何抑制内心的愤怒而保持平和的情绪呢？林则徐习惯在堂上挂着"制怒"的字匾，这样，在自己的愤怒还没有爆发的时候，看到这两个字就能及时控制住自己的怒气。同时，能够抑制愤怒情绪的最佳法宝就是幽默感。

在南北战争时期，有一次，一位军官急匆匆地迎面而来，没料到，在作战部大楼的走廊上却一头撞到了林肯的身上。当军官看到被撞的是总统先生的时候，立即赔不是，恭敬地说道："一万个抱歉！"林肯诙谐地回答道："一个就足够了。"接着，林肯补充道："但愿全军的行动都能够如此迅速。"面对军官无意的过错，林肯没有生气，反而以幽默来化解军官的尴尬。

当愤怒遇到了幽默感，那么，愤怒的情绪就会自然而然地消失。我们生活在这个世界，每天都会面对许多情绪，似乎情绪主宰了我们的一切，有人说："一切争吵都是从情绪开始的，一切纷争都来源于情绪。"在众多情绪中，愤怒和生气往往会引起强烈的反应，甚至，有可能会产生连锁反应，最后导

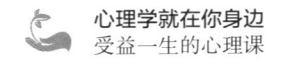

致更大"战争"的爆发。

心理学启示

"生气是拿别人的错误来惩罚自己。"每个人都有愤怒的时候,然而,真正到了愤怒时该怎么办呢?最好的办法就是让愤怒的情绪停下来,追求一种平和的美好。心理学家告诉我们:"叫停、想一想、再去做,这三个步骤是避免陷入怒火的最好方法。"每天的生活就如同在高速路上行驶,当我们奋力向前的时候,不要忘记刹车的功能,避免一不小心就撞了上去。当自己生气或愤怒的时候,记得反问自己:"愤怒真的能解决问题吗?"当思想开始转移到如何能解决这件事情的时候,就唤醒了理性的力量,这样,愤怒的情绪就会停下来,转即变成一种美好的平和状态。

第5堂课

学习自我提升的心理课：做更好的自己

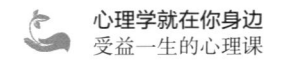

释放内心,做真实的自己

有一天,十分聪明的纳斯鲁丁跑来找奥修,激动地说:"快来帮帮我!"奥修问:"发生了什么事?"纳斯鲁丁说:"我感觉糟糕透了,我突然变得不自信了,天啊!我该怎么办?"奥修说:"你一直是很自信的人呀,发生了什么事让你如此不自信呢?"纳斯鲁丁很沮丧地说:"我发现每个人都像我一样好!"

纳斯鲁丁十分聪明,但是,他发现每个人都像自己一样好时却感觉糟糕透了,他的内心被束缚,无法释放真实的自己,由此,不自信就产生了。现实生活中,我们常常会模糊自己真实的内心,习惯于在心里给自己设限,产生一种挫败感,导致最后我们还没有翱翔于蓝天就坠落地面了。如果我们习惯了自我设限,那么,我们的心就会失去向上生长的动力,只能在被束缚的范围里挣扎。所以,不管我们遭遇了什么样的挫折,都不要随意地否定自己,否定自己就意味着扼杀自己的潜力和欲望。

1921年夏天,年近39岁的富兰克林·罗斯福在海中游泳时突然双腿麻痹,后来经过诊断是患了脊髓灰质炎。这时,他已经是美国政府的参议员,是政坛上的热门人物。遭到了疾病的打击，他心灰意冷，打算退隐回家。刚开始的时候，他一点都不想动，每天必须坐在轮椅上，但是，他讨厌整天被别人抬上抬下，于是，到了晚上，他就一个人偷偷地练习怎样上楼梯。经过一段时间的练习，一天，他得意地告诉家人："我发明了一种上楼梯的方法，表演给你们看。"他先用手臂的力量把自己的身体支撑起来，慢慢挪到台阶上，然后把双腿拖上去，就这样一个台阶一个台阶艰难地爬上了楼梯。母亲阻止儿子说："你这样在地上拖来拖去，给别人看见了多难看。"富兰克林·罗斯福却断然地说："我必须面对自己的耻辱。"

著名美学大师蒋勋曾写道："每个人完成自我，才是心灵的自由状态；每一个人按照自己想要的样子完成自己，那就是美，完全不必有相对性。天地之间可以无所不美，因为每个人都发现自己存在的特殊性。大自然中，从来不会有一朵花去模仿另一朵花；每一朵花对自己存在的状态都非常有自信。"即使遭遇了疾病的折磨，富兰克林·罗斯福也没有给自己的心理设限，反而鼓起勇气来直面自己，挑战命运，完全地接纳自己。其实，无论是身体的缺陷还是生活中的困难与挫折，这都不是心理设限的借口，更不是自暴自弃的理由。我们要敢于突破内心的束缚，释放自己最真实的内心。

有一位卖气球的小贩，每次当自己生意不怎么好的时候，他就会使用这样的方法：向天空放飞几只气球。这样一来，就会吸引一些小朋友来玩耍，自己的生意就会好起来，那些被气

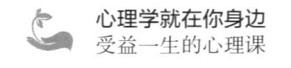

球吸引过来的小朋友都争着买色彩漂亮的气球。

有一天,当他向空中放飞几只气球的时候,他发现在一大群围观的孩子中间,有一个小孩用一种疑惑的眼神看着天空。小贩很奇怪,他在看什么呢?顺着孩子的目光看去,发现空中正飘着一只黑色的气球。

小贩走上前去,用手轻轻地抚摸孩子的头,微笑着说:"孩子,黑色气球能不能飞上天,在于它心中有没有想飞的那一口气,如果这口气够足,那它一定能飞上天空。"

许多人在面对挫折与困难的时候,心底都会传出这样的声音:我做不到的。自己束缚了内心,最终,他真的没有做到。齐克果曾经说:"一旦一个人自我设限,并且一直认定自己就是个什么样的人时,他就是在否定自己,他不会自我挑战,只想任由自己一直如此下去,而这终将导致自我毁灭。"其实,"我做不到"是一种逃避的心态,在还没有开始之前,他就已经先被打倒了,如果我们的人生始终是这样逃避的心态,那么,将会为自己留下许多难以弥补的遗憾。因此,我们应该突破内心的束缚,当内心开始恐惧的时候,我们应该大声对自己说:"你一定能做到的。"不断地暗示自己,释放出真实的内心,以此获得最后的成功。

心理学启示

有人这样种南瓜:当南瓜只有拇指大的时候,就把它装在罐子里,一旦它渐渐长大,就会把罐子内的空间占满,等到没有多余的空间了,南瓜则会停止生长,于是,南瓜就一直维持在罐子里的那种形状了。我们的心就如同南瓜一样,当它习惯了自我设限,在被束缚的范围里就不能自由生长,它会逐渐失去向上生长的动力,只能在原地徘徊。其实,束缚是源于内心的不确定或者不自信,当我们能够坚定地告诉自己"一定能行"的时候,就从内心深处建立起了强大的自信,这种不确定或者不自信的束缚将会消失,而释放出真实的自我。所以,在人生前进的路上,不要忘记告诉自己:"你一定能行的!"

自我剖析和判断，提升自我认知能力

朗费罗说："别人借我们过去所做的事来判断我们，然而，我们判断自己，却是凭将来能做些什么事。"子曰："不患莫已知，求为可知也。"对于每一个人来说，最担心的事情就是不够了解自己，不能清楚地认知自己。因此，我们要善于剖析内心，让自己拥有自我认知的能力。

扁鹊是战国时代有名的医学家，魏王曾问他："你家兄弟三人，谁的医术最高？"扁鹊回答："大哥第一，二哥第二，我是最差的。"魏王又问："那怎么你的两个哥哥默默无闻，而你却名声大振？"扁鹊回答说："大哥治病是防患于未然，把病消灭在萌发之中，所以在人还不知道的情况下，就把病看好了；二哥是在发病初期给人治病，只能闻名于乡里；我呢，只有病人生命垂危，病入膏肓时，才给他们动手术，就是看好了，也得落下后遗症，但世人都认为我救了他们的命，所以名扬天下。"

一个人名声的好坏、能力的高低，是别人从事物的外表下的定义，根本就不是这个人的本质。自己真正的能力，只有自己心里最清楚。而我们所缺乏的就是自我认知的能力。只有清楚地认知了自己，才有可能获得成功的人生。然而，一个人最难认知的就是自己的内心，最难以回答的就是：我是谁？我想要的生活是什么？不过，当你清楚地认知了自己，就能够在这个世界上找到最基本的出发点，就能够去善待他人。

年轻时候的富兰克林很自负，有一次，一个工友把富兰克林叫在一旁，大声对他说："富兰克林，像你这样是不行的！凡是别人与你意见不同的时候，你总是表现出一副强硬而自以为是的样子，你这种态度令人觉得如此难堪，以致别人懒得再听你的意见了。你的朋友们都觉得不同你在一起时比较自在，你好像无所不知、无所不晓，别人对你无话可讲了，因为他们觉得自己费了力气反而感到不愉快。你以这种态度和别人交往，不去虚心听取别人的见解，这样对你自己根本没有好处，你从别人那里根本学不到一点东西，但是实际上你现在所知道的确实很有限。"富兰克林听了工友的斥责，讪讪地说道："我很惭愧，不过，我也很想有所长进。""那么，你要明白的第一件事就是：你之前已经太蠢了，现在还是太蠢了！"这个工友说完就离开了。

这番话让富兰克林受到了打击，他猛然醒悟，开始重新认识自己，与内心做了一次谈话，并提醒自己："要马上行动起来！"后来，他逐渐克服了骄傲、自负的毛病，成了著名的科学家、政治家和文学家。

我们需要拥有全面认识自己的能力，全面认识既包括优点也包括缺点。一旦我们没有真正地认识自我,将导致内心自负或自卑等,最终这些负面的心理会影响我们一生的发展。哈佛大学中有一些自以为是的学生,他们缺乏一定的自我认知能力。对此,有些哈佛教授会善意提醒:请别做少年时的富兰克林。

心理学启示

从认知自己到充实自己,这是一个美好的人生历程。自我认知是一种严谨的人生态度,自信而不自满,无论是春风得意还是失败困惑,我们都要保持最平常的心态。清楚地认知自己,需要我们摆脱一切外物的依赖,绝不做金钱或权力的奴隶。

认知自我是一种胜不骄、败不馁的从容,需要冷静地思考,这样才有机会赢得最后的成功;认知自我是一种高度自立的洒脱的生活方式,看清生命的本真,创造出属于自己的人生;认知自我是一种具有高度责任心的反省,将勇气与真诚注入自己的言行中,认清前面的方向。不断剖析内心,在忙碌之后不忘与自己进行一次深入的交谈,从而拥有自我认知的能力。

努力提升自己，实现自我的不断完善

人生就是一个不断完善和超越自我的过程，即使我们不可能凡事做到尽善尽美，但是，我们应该努力让自己更好一点，努力去追求完美。只有向前努力了，生活才会给予你相同的回报。俗话说："尺有所短，寸有所长。"我们只有真正了解自己的长处与短处，才能避己所短，扬己所长，这样才能给自己的人生进行准确定位。因为，当我们认识到自己的不足时，就应该不断完善自己，这就是进步的开始。

在生活中，每个人都有自己的不足之处，只有不断地学习别人的长处，弥补自己的不足，我们才能完善自己，努力让自己变得更好。当然，如果你总是认为完善自己，向他人学习是一件丢脸的事情，那就错了，其实更丢脸的是自己不明白却装作很懂的样子。

自我完善就是一个不断学习的过程，只要我们善于学习，能看到别人的长处，懂得取他人所长补己之短，努力使自己变得更好一点，那么，总有一天你会成为一个成功者。在生活中，无论遇到什么样的人，不管是比我们优秀的人还是比自己稍逊色的人，我们都应该主动去倾听对方的想法和建议，在

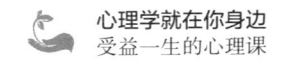

这一过程中，你会发现自己总能从别人的意见中受到启发，能够学到一些有利于自己成长的经验。我们永远要记住"山外有山，天外有天"，对方身上可能有自己没有的优点，而虚心地学习对方的长处，能够弥补自己的不足，从而完善自己。

一位著名的芝加哥商人，每年需要花一个星期的时间去拜访国内的各同行商店，去考察各地著名商店的管理与经营，彼此交换对经营的看法。他认为："要使自己能够站在广阔的视野上观察自己的素养，要保持自己的事业永不衰败，这种旅行是必需的。"在每一次拜访与旅行中，他在不断地完善自己，努力使自己的商店变得更好一点。试想，假如一个经营者不出自己的店门一步，不同其他商人交流，那么他自己所经营的商店就不会进步，永远在原地踏步，直到被社会所淘汰。

心理学启示

没有人愿意在生活达到某一点时就表示自己已经满足了，相反，人们由于时常超越自己，所以会赢得最后的成功。如果我们总是骄傲自满、不思进取，那么无论是生活还是人生，都将从此开始衰落。所以，每天早上起床时，我们要下决心力求每一件事比昨天要有所进步。就这样，每天向前走几步，一段时间过去之后，你就会发现，自己已经取得了惊人的进步。

看清自己，面对真实的自我

肖曼·巴纳姆是一位著名的魔术师，他曾经这样评价自己的表演："我的节目之所以受欢迎，是因为节目里包含了每个人都喜欢的成分，所以，每一分钟都会有人上当受骗。"事实上，在现实生活中，我们既不能时刻反省自己，看清自己，也不能把自己放在局外人的位置来观察自己。在大多数的时候，我们只能借助外界的一些信息来认识自己，所以，我们在认识自己时很容易受到外界信息的暗示，迷失在环境中，并习惯性地把他人的言行作为自己行为的参照。早在两千多年前，古希腊人把"认识你自己"刻在了阿波罗神庙的门柱上。但是，直到今天，我们也只能遗憾地说，"认识自己"仍还有一段遥远的距离，究其原因，来源于心理学上的"**巴纳姆效应**"。

巴纳姆效应是心理学家伯特伦·福勒在1948年通过实验证明的一种心理学现象，其意为：每个人都会很容易相信一个笼统、一般性的人格描述特别适合自己。因此，要想避免巴纳姆效应，我们就应该客观真实地认识自己。

爱因斯坦16岁那年，父亲给他讲了一个故事，正是这个故事改变了爱因斯坦的一生。父亲是这样讲的。

"昨天我与杰克去清扫南边的一个大烟囱,那烟囱需要踩着里面的钢筋踏梯才能进去。杰克走在前面,我在后面,我们俩抓着扶手一阶一阶地爬了上去,下来的时候,杰克依旧走在前面,我还是跟在后面。后来,钻出了烟囱,我发现了一件奇怪的事情:杰克的后背、脸上全被烟囱里的烟灰蹭黑了,而我身上竟连一点烟灰也没有。我看见杰克的模样,心想我一定和他差不多,脸脏得像个小丑,于是,我到附近的小河里去洗了又洗。而杰克看见我全身干干净净,就以为自己和我一样,只简单地洗了洗手就上街了,结果,街上所有的人都笑了,他们以为杰克是个疯子。"

最后,父亲郑重地对爱因斯坦说:"其实谁也不能做你的镜子,只有自己才是自己的镜子,拿别人做镜子,天才或许会把自己照成白痴的。"

我们之所以无法了解到真实的自我,大部分原因在于我们容易受外界信息的影响,如他人的言行等,在那些外界信息的暗示下,我们就有可能出现自我认知的偏差,比如看着杰克浑身很脏,就以为自己身上也很脏。因此,要想真正地看清自己,我们需要避免巴纳姆效应,让自己成为自己的镜子。

有一个割草的孩子打电话给陈太太:"您需不需要割草?"陈太太回答说:"不需要了,我已经有了割草工。"这个孩子又说:"我会帮您拔掉花丛中的杂草。"陈太太回答说："我的割草工也做了。"这个孩子又说："我会帮您把草与走道的四周割齐。"陈太太说："我请的那人已经做了，谢谢你，我不需要新的割草工人了。"孩子挂了电话，哥哥在旁边不解地问道："你不是就在陈太太那儿割草打工吗？为什么还要打这个电话？"孩子带着得意的笑容："我只是想知道我做得有多好。"

孩子通过打电话向雇主询问而收集了一些关于自己的信息，这样，他就能够了解雇主对自己的真实满意度，从而认清自己。对于大多数人来说，难以生来就拥有明智和审慎的判断力，实际上，判断力是在收集信息的基础上进行决策的能力，而信息对于判断有着不可忽视的作用。当我们无法收集到一些关于自己的信息时，对自己就难以做出明智的判断，导致最终不能看清自己。

心理学启示

当一个人的情绪处于低落、失意的时候，就会对生活失去控制感，于是，他内心的安全感也会受到影响。这样一个缺乏安全感的人，其心理的依赖性将大大增强，比较容易受他人言行的信息暗示。所以，当对方说出无关痛痒的一段话时，我们很容易"对号入座"，其实，这就是一种心理倾向。在日常生活中，巴纳姆效应将影响我们对自己做出正确的判断。

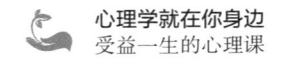

我们应该学会面对自己，不要因为自己有"缺陷"或者自己认为那是缺陷，就通过自己的方法将缺陷掩盖起来，这样的掩盖方式是极其愚蠢的。试想，当你把自己的眼睛蒙上时，你就真的掩盖了自己的缺陷吗？因此，无论是自身的缺陷还是优点，我们都应该正确看待，因为面对自己是认识自己的必经之路。

何必比较，你只需要相信自己

哈佛大学第23任校长科南特曾这样说："垃圾是放错了位置的财宝，对哈佛大学来说，重要的不是出了7位总统和30多位诺贝尔奖获得者，而是让进哈佛的每一颗金子都发光。"很多时候，我们总是习惯与他人比较，觉得自己能力不如人，好像自己真的一事无成。然而，命运对每一个人来说都是公平的，"垃圾也不过是放错了位置的财宝"，更何况对于我们而言呢？我们每个人都有自己的价值，这是不容置疑的，我们需要做的就是不要忽视自己的价值。当然，适当地比较可以促使我们取得进步，但是，大部分的比较只会带给我们失落或者沮丧，在比较之后，我们变得不再相信自己，甚至自暴自弃。所以，不要盲目去比较，因为，最优秀的人恰恰是你自己。

一位学者到了风烛残年的时候，感觉自己的日子已经不多了，他想考验和点化一下自己那位看起来很不错的助手。于是，他把助手叫到床前说："我需要一位最优秀的传承者，他不但要有相当的智慧，还必须有满满的信心和非凡的勇气……这样的人直到目前我还没有见到，你帮我寻找和发掘出一位，好吗？"助手坚定地回答说："好的，好的，我一定竭尽全力去寻找，不辜负您的栽培和信任。"

于是，这位助手就开始想尽一切办法来为老师寻找继承人，然而，每次他领来的人都被学者婉言谢绝了。有一天，已经病入膏肓的学者挣扎着坐起来，拍着助手的肩膀说："真是辛苦你了，不过，你找来的那些人，其实还不如你……"半年之后，眼看学者就要告别人世，但最优秀的人还是没有找到，助手十分惭愧，泪流满面地对学者说："我真对不起您，令您失望了！"学者叹息着说道："失望的是我，对不起的却是你自己……本来最优秀的人就是你自己，只是你不敢相信自己，总是与他人相比较，才把自己给忽略、耽误、丢失了……其实，每个人都是最优秀的，差别就在于如何认识自己、如何挖掘和善待自己……"话还没有说完，学者就永远离开了这个世界。

爱默生曾说过这样一句话："你，正如你所思。"假如想着自己是最优秀的，那么你将是心中永远的第一名；假如习惯与他人比较，总是不敢相信自己、忽略自己、丢失自己，那么或许你就会成为一事无成的人。每个人都有一座宝藏。其实，这个宝藏就是潜力和能力，不要去比较，只要不懈地挖掘自己的宝藏，积极地运用自己的潜能，永做心中的第一名，你就能够做好自己想做的一切，你就能主宰自己的生活。

约翰讲述了自己在中学时的经历：

"在中学时，我由于平时学习不积极，成绩很差，每次考试都在倒数几名。为此,老师说我无可救药了,同学们也看不起我,我一直很灰心,我觉得这辈子不可能有什么出息了。

"有一天,老师兴奋地宣布:'将有一位著名的学者到班上做实验。'我心想,这和我有什么关系呢?我还从同学那里了解到,这位学者是研究心理学的,据说他有一台神奇的仪器,能预测出谁未来会获得成功。我想着这和我更没有关系,干脆就出门去玩了。著名学者在班里尖子生殷切的期盼中到来了,老师神秘地点了5个同学的名字,其中包括我,我很紧张,以为自己没有考好而要受批评。来到办公室,看见在我身边的都是尖子生,我感到莫名其妙,学者开始讲话了:'孩子们,我仔细研究了你们的档案、家庭以及现在的学习情况,我认为你们5个人将来会成大器的,好好努力吧。'我当即感到一阵眩晕,以为自己听错了,可是看着在场人的表情,我知道这是真的,我想:原来我还有希望,这位学者是这么说的,他的预测一向是准确的,我要好好努力。原来我与那些所谓的尖子生并没有区别。我就这样一直鼓励自己,我的成绩很快就上来了,再也没有人说我无可救药了。"

大部分人都没有意识到自己是最优秀的,所以,他们最后成了碌碌无为的人。像约翰一样,在与班里那些尖子生比较之后,觉得自己这辈子自己再也不会有什么出息了。假如在约翰的人生中没有遇到那位著名的学者,那么,他就不会有日后的改变。其实,智者与庸者的差别在于,智者从来不与他人比

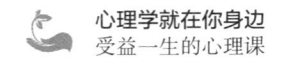

较，他们相信自己就是永远的第一；而庸者总是沉迷于比较之中，他们在比较中丢失自我，最后成了平庸的人。

心理学启示

我们可以去仰慕他人，但是，绝对不能忽略自己；我们可以去相信他人，但最应该相信自己。如果自己不甘于做平庸者，就要摆脱自我怀疑的心理，不要盲目去比较，要相信自己就是第一名。每个人都向往成功，其实我们每一个人都是自己成功人生的缔造者。在一个人的一生中，能力并不是走向成功的关键因素，只有我们相信自己，才能使自己走出成功的第一步。

第6堂课

学习调整心态的心理课：善待生活，成就自我

消除孤独，享受生活

和煦的阳光可以照暖内心的孤独。金斯利说："太阳底下所有的痛苦，有的可以解救，有的则不能，若有，就去寻找，若无，就忘掉它。"生活中，很多时候，由于环境或者其他一些原因，我们感到心里荒芜，内心满是孤独，这种情绪就像赶不走的影子，时刻伴随着我们，令我们感到恐惧与绝望。孤独，是一种心境，那是一种似乎被全世界抛弃了的感觉。如果想要摆脱被孤独折磨的滋味，需要依靠和煦的阳光填满内心的空洞，这样我们就不会再感到孤独，而会感受到阳光带来的温暖。

在一个村庄里，有位中年人从事了二十年的邮差工作，每天，他往返五十里的路程，将忧欢悲喜的故事送到居民的家中。一晃二十年过去了，村庄里的人和事物都经过了几番变迁，只有邮局到村庄的这条道路，从过去到现在，始终没有改变。每一次，邮差经过这条道路，心里都会想：这样荒凉的路还要走多久呢？太阳照着大地，中年邮差的身影孤独地走在道路上，悲凉而又迷茫。

邮差一想到自己还要在这条没有花没有树，而且充满尘土的路上踩着脚踏车度过自己的一生时,心中充满着遗憾。有一天,中年邮差送完了信,正准备回家的时候,路过一家花店。邮差不禁心中一动:对了,就是这个。他走进花店,买了一把野花的种子。第二天,他把这些种子撒在自己往来的路上。就这样,经过了一天,两天,一个月,两个月……邮差不停地撒播着野花种子。

没过多久,在那条邮差已经来回走了二十年的荒凉道路旁,竟然开出了无数的花朵,有红色的,有黄色的,四季盛开,永不停歇。花朵对于村庄的人们来说,比邮差送达的任何一封邮件都让人开心。那条道路不再充满灰尘,而是充满了花香,中年邮差骑着脚踏车,吹着口哨,他不再是孤独的邮差,也不再是愁眉苦脸的邮差,而是满脸洋溢着幸福与快乐的邮差。

哲人说:"要想除掉旷野里的杂草,方法只有一种,那就是在上面种满庄稼。"心灵是一座宝库,在这里只应留有美好与智慧,而不是装满垃圾,或浸满孤独。

心理学启示

如果想要摆脱内心孤独的束缚,就应该敞开心扉,让和煦的阳光照射进来,这样,孤独才会无处遁形。

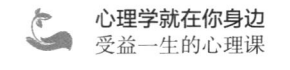

特里法则：要进步先要承认错误

美国田纳西银行前总经理L.特里曾说："承认错误是一个人最大的力量源泉，因为正视错误的人将得到错误以外的东西。"由这句话引申出来的就是著名的心理学法则——**特里法则**。

俗话说："金无足赤，人无完人。"谁都难免会犯一点小错误，而且，每个人都存在着这样的心理：犯错误的时候，脑子里总是想着隐瞒自己的错误，害怕自己承认错误之后会没有面子。其实，有这样的心理是正常的，但是，为了能够从错误中获得另外一些有用的东西，我们应该克服这样的心理。承认错误并不是什么丢面子的事情，相反，在一定程度上，这是一种勇敢的行为。因为，对于每一个犯错的人来说，错误承认得越及时，那么这个错误就越容易得到改正和补救。另外，更关键的是，自己主动承认错误远比别人提出批评后再承认更容易得到他人的谅解。

一个心理学教授常常向学生们讲述卡耐基认错的故事：

卡耐基从家里步行一分钟就可以到森林公园，因此，他经常带着自己的小猎狗雷斯去公园散步。由于平时在公园很少碰到人，而且雷斯看起来很友善，所以，卡耐基常常不给雷斯系狗链或者戴口罩。

有一天，卡耐基在公园遇到了一个警察，警察看见雷斯既没有系链子也没有戴口罩，就十分严厉地说："你为什么让你的狗跑来跑去而不给它系上链子或戴上口罩？你难道不知道这是违法吗？"卡耐基低声回答："是的，我知道，不过，我认为它不至于在这儿咬人。"警察提高了嗓门："你不认为！你不认为！法律是不管你怎么认为的，它可能在这里咬死松鼠，伤害到小孩，这次我不追究，假如下次再让我碰上，你就必须跟法官解释了。"卡耐基照办了，但是，雷斯不喜欢戴口罩，卡耐基自己也不喜欢这样做。

又一天下午，卡耐基正和雷斯在山坡上赛跑，突然，他看见警察骑着车过来了，卡耐基想：这下完了！他决定不等警察开口就先认错，卡耐基说："先生，这下你当场逮到我了，我有罪，你上星期警告过我，若是再带小狗出来而不给它戴口罩，你就要罚我。"警察语气很温和："好说，好说，我知道没有人的时候，谁都忍不住要带这样一条小狗出来溜达。"卡耐基表示赞同："的确忍不住，但这是违法的。"警察反而安慰卡耐基："哦，你大概把事情看得太严重了，我们这样吧，你只要让它跑过小山，到我看不到的地方，事情就算了。"

如果我们犯了错误，而又免不了受责备，为何不先自己承认错误呢？毕竟，自己谴责自己比挨别人的批评好受得多。因

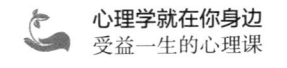

此，很多时候，需要主动承认错误，这样比别人提出批评后再认错更容易得到别人的谅解。

心理学启示

主动承认错误能为自己赢得改正的机会，还可能博取他人的好感。并不是错误了，就永远不能改正；不是失败了，就永远不能成功。如果我们能够勇于承认自己的失败与错误，自己就能赢得成功。达尔文曾说："任何改正都是进步。"

少一些责备多一些体谅，生活更美好

经济学家萨缪尔森曾获得诺贝尔经济学奖，他曾说："人们在交往中应当多一些体谅而非责难。"原谅比辱骂更能让一个人醒悟与进步。面对他人有意或无意造成的错误，如果我们总是愤怒或生气地指责对方，反而会使对方有种受伤的感觉，在他心里，第一感觉不是认识到自己的错误，而是感觉自尊受到了伤害。这样一来，我们就没有达到自己的目的，他或许并没有意识到自己的错误，而是心怀对你的仇恨。而原谅则不一样，原谅能使一个人清楚地看到自己的错误，同时，还会心存感激。所以，面对他人的错误，原谅比挑剔、指责更管用。

发明大王爱迪生和他的助手辛辛苦苦工作了一天一夜，终于做出了一个电灯泡。他们非常珍惜这个成果，叫来一个年轻的学徒，让他把这个灯泡拿到楼上的实验室好好保存。这名学徒知道这是个重要的东西，心里非常紧张，在上楼的时候，由于不停地哆嗦，一下子摔倒了，把电灯泡摔得粉碎。爱迪生非常惋惜，但并没有责备这名学徒。过了几天，爱迪生和他的助手又用了一天一夜制作了一个电灯泡，做完后，爱迪生想也没想，仍然叫来那名学徒，让他送到楼上。这一次，什么事也没有发生，这个学徒安安稳稳地把灯泡拿到了楼上。事后，爱迪生的助手埋怨他说："原谅他就够了，你何必再把灯泡交给他呢，万一又摔在地上怎么办？"爱迪生回答："原谅不是光靠嘴巴说说的，而是要靠做的。"

在生活中，许多人习惯指责他人的错误，特别是当他们的错误对自己的生活产生不利影响的时候，我们的情绪有可能会一下子失控，这时，怨恨将占据我们的心灵，那些指责与辱骂就会随之而来。但是，如果我们仔细想想，就会发现指责与挑剔对于我们来说一点好处也没有，它只会让我们的情绪变得更加糟糕，而他人在指责与挑剔之下也会心生不满。所以，在任何时候，原谅他人都是一个有益的选择，而且，正如爱迪生所说"原谅不是光靠嘴巴说说的，而是要靠做的"，我们必须以实际行动来让对方感受到，自己已经被谅解了。

原谅别人，我们才是真正的强者。有人说："当你战胜了嗔恨之心，生命会因此更自主、自在与自由。"真正的强者不是指责别人，挑剔别人，而是战胜自己。内心的心魔需要我们自省，这样我们才能对他人的错误以微笑对之。甘地曾要求自己不要怨恨任何人，他说："我知道这很难做到，所以要用最谦恭的态度，尽量达成这项自我的要求。"

心理学启示

每个人的心都如同一个容器，当爱越来越多的时候，仇恨就会被挤出去。因此，要学会原谅，不要一味地去消除仇恨，而是不断地用爱来充实内心，用爱心来滋养胸襟，这样一来，那些怨恨或仇恨就没有了容身之处。所以，试着放弃心中的怨恨和愤怒，善待自己，原谅他人。面对他人犯下的过错，不要总是挑剔和指责，而是要学会原谅。

克服自私狭隘的心理，多付出一点爱

人只有献身于社会，才能找出那短暂而有风险的生命的意义。对每一个人来说，最大的幸福是把自己的精神力量奉献给他人。不过，人本身是"自私动物"，这是一种本性，我们所需要的就是认识和利用"自私"，而不是逆"性"而为。努力克服内心的自私，以无私的思想来面对人和事，否则，一味地自私狭隘，只会让心灵长满杂草，最后只能沉沦。

从前有一个富翁，他有三个儿子，在自己年事已高的时候，富翁决定把自己的财产全部留给三个儿子中的一个。可是，到底要把财产留给哪一个儿子呢？富翁想出了一个办法：他让三个儿子花一年的时间去周游世界，回来之后看谁做的事情最高尚，谁就是财产的继承人。一年的时间很快就过去了，三个儿子相继回到了家里，富翁让三个儿子说一说各自的经历。

大儿子看起来十分得意，他开始说了："我在周游世界的时候，遇到了一个陌生人，他对我很信任，把自己的一袋金币交给我保管。后来，没过多久，那个人意外去世了，我把那袋金币原封不动地还给了他的家人。"

二儿子十分自信地说:"当我走到一个贫穷落后的村庄的时候,一个可怜的小乞丐不幸掉进了湖里,我没来得及脱鞋就跳进了河里,把小乞丐救了起来,还给了他一笔钱。"

听了两位哥哥的话,三儿子显得很犹豫,但在父亲的鼓励下,他缓缓道出了自己的经历:"我没有遇到过两位哥哥碰到的事情,在我旅行的时候,遇到了一个人,他看中了我身上的钱袋,一路上他千方百计地陷害我,有一次我还差点死在他的手上。后来,有一天,我经过悬崖边上,正看到那个人在悬崖边上的一棵树下睡觉,我想:只要我一抬脚就可以轻松地把他踢到悬崖下面了,但是,我思索了一会儿,觉得自己不能这样做。正准备走,我又担心他一翻身就掉下悬崖,于是,我决定叫醒他,再继续赶路,其实,这实在算不上是什么有意义的经历。"说完,他涨红了脸,低下了头。

富翁听了三个儿子的经历,点了点头,说:"诚实、见义勇为都是一个人应有的品质,算不上高尚。但是,有机会报仇却选择放弃,反而帮助自己的仇人脱离危险的宽容之心就是高尚的,这是无私的行为,那么,我的全部财产都是老三的了。"

正如富翁所说,"诚实、见义勇为都是一个人应有的品质,而有机会报仇却选择放弃,反而帮助自己的仇人脱离危险的宽容之心就是高尚的",内心无私的人,即使面对自己的仇人,他所能想所能做的依然是"心中有他人",处处为他人着

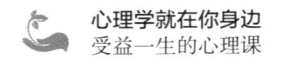

想，在他们心里，永远有一座美丽的花园。相反，那些自私狭隘的人，他们总是想着自己，从来不考虑别人，因此他们的内心是一片荒芜。

心理学启示

奥斯特洛夫斯基说："人的一生可以燃烧也可以腐朽，我不能腐朽，我愿意燃烧起来。"每个人都有自己的价值，如果喜欢自己的价值，那么，我们就得为这个世界创造价值。人生最美好的不是享乐，而是无私地奉献。如果想自己的心灵不长满杂草，就要努力克服人性所带来的自私狭隘心理，因为，只有无私才能让我们不断地进取，而自私狭隘只会让我们沉沦。

生命的本质就是不完美

　　法朗士说："我坚持我的不完美，它是我生命的真实本质。"每个人的一生中都会经历不同的坎坷或挫折，没有一个人可以说他是完美无缺的。命运对于每个人都是公平的，他给予你一样东西，肯定会拿走另一样东西，关键是你如何去看待生命里的缺憾。完美是一座无人能抵达的宝塔，人们总是倾其所有来追逐它，向往它，但是，却永远难以到达。它只能作为一个追寻的目标，不能把它当作一种现实的存在，否则你将会陷入自我矛盾中而无法自拔。生命的美丽在于真实，纵然有缺憾，也是无法复制的无与伦比的美丽。在很多时候，我们没有必要凡事追求完美，美丽一定是伴随着遗憾的，只要足够真实，生命一样会绽放出最灿烂的光辉。

　　一个失意的人找到了智者，他向智者诉说着自己的遭遇和无奈。智者沉思了许久，舀起了一瓢水，问失意者："这水是什么形状？"失意者摇摇头："水哪有什么形状？"智者不语，只是将水倒入了杯中，失意者恍然大悟："我知道了，水的形状像杯子。"智者没有说话，又把杯子里的水倒入了旁边的花瓶，失意者悟然："我知道了，水的形状像花瓶。"智者摇摇头，轻轻地拿起了花瓶，把水倒入了盛满沙土的盆里，水一下子渗进了沙土，不见了。智者低头抓起了一把沙土，叹道："看，水就这么消逝了，这也是人的一生。"失意者陷入了沉思，许久才说道："我知道了，你是通过水来告诉我，社会就像是一个个不规则的容器，人应该像水一样，盛进什么样的容器就成为什么形状的人。"

智者微笑着说："是这样，也不是这样，许多人都忘记了一个词语，那就是滴水穿石。"失意者大悟："我明白了，人可能被装于规则的容器，但也能像这小小的水滴一样，滴穿坚硬的石头，我们要像水一样，能屈能伸，既要尽力适应环境，也要保持本色，活出自我。"

对于完美主义，哈佛积极心理学教授本·沙哈尔提出了自己的看法：每一个人都应该学会接受自己，不要忽略自己所拥有的独特性，要摆脱"完美主义"，要"学会失败"。追求生命的完美，这本是一种积极的人生态度，但是，过分地追求完美，则会产生消极的负面情绪。与其过分地追求完美而又难以到达，还不如享受当下真切的美丽。

心理学启示

在现实生活中，"完美"的诞生往往伴随着遗憾，因此，追求完美是一个人正常的追求，却也是一个人最大的悲哀。人生贵在真实，瑕不掩瑜，即使有了缺憾，也无损人生真切的美丽。我们在很多时候，要善于接纳自己，无论是自己的优点还是缺点，我们都要以平常心看待。命运是公平的，当他向你关闭了一扇门，会向你打开另一扇窗，我们需要的只是尽情地释放出生命真实的美丽。

第7堂课

学习美化心灵的心理课：做自己心灵的美容师

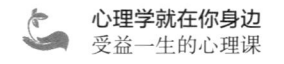

帮助他人，充实自己的心灵

当你帮助别人，但付出的劳动没有得到金钱和物质上的回报时，一定可以得到精神上的某种愉悦。这就是心理学中的**"助人为乐定律"**，也被称为"快乐守恒定律"。从一粒沙子可以看到世界，从一朵野花也可以看到天堂，从你的手心里可以了解无限，从一瞬间能够知道永恒。

人们在任何时候都是一个平衡系统，在这个世界上，既没有无缘无故的失去，也没有无缘无故的得到。有时候，我们失去了物质却换得精神上的超额快乐；有时候，看似自己占了便宜，却不知不觉中透支了精神的快乐。所以，人们常说：吃亏是福。在现实生活中，许多人低调地做着各种各样的事情，而他们收获了一种非比寻常的快乐。或许，有人认为那些所谓的"圣人"是快乐的，而自己始终不能收获快乐，但殊不知，"圣人"从来都不是我们想象的那样高不可攀。同样是面对快乐守恒定律，他们只是善于把握精神快乐大于物质得失的分寸，因此，他们比我们多了圣人的品质。助人为乐定律告诉我们：帮助别人，我们可以获得精神上的愉悦，这远比物质带来的快乐重要得多。

印度有句古谚："赠人玫瑰之手，经久犹有余香。"当我们帮助别人的时候，虽说是自己付出了，但是，我们却能收获一份难得的快乐。如果我们只懂得收获，而不懂得付出，那么我们就会失去快乐。即使帮助了别人，自己并没有获得任何回报，那份精神上的快乐也是任何东西都无法替代的。在快乐守恒定律中是这样认为的："当你付出的劳动没有得到金钱和物质上的回报时，一定可以得到等值的精神愉悦。"在很多时候，我们模糊了快乐的定义，总是认为帮助别人是一种付出，并把它当作一种不快乐的行为，但事实上，以自己的微薄之力换来的精神愉悦，这是何等的不等价交换。所以，学会帮助他人吧，让自己获得非同一般的快乐。

从前，有一个十分吝啬的人，他从来没有想过要给别人东西，连别人叫他说"布施"这两个字，他都讲不出口，只会"布、布、布……"大半天过去了，他还是"布"不出来，好像自己一讲出这两个字就会有所损失似的。但是，让他感到纳闷的是，比他还要穷的人都生活得快乐幸福，但他却不知道幸福的滋味。

佛陀知道了这件事，就想去教化这个吝啬的人，佛陀来到了他住的城镇，开始宣扬"布施"。那个吝啬的人听了佛陀的话，心里很有感触，但是，自己就是布施不出去，他为此而感到懊恼。于是，他跑去找佛陀，对佛陀说："世尊啊！我很想布施，但是，就是做不到，你能告诉我该怎么办吗？"

佛陀在地上抓了一把草，将草放在那个吝啬人的右手中，然后要他伸开自己的左手，告诉他说："你把右手想成是自己，把左手想成是别人，然后把这草交给别人。"可是，那个吝啬的人一想到要把这草给别人，他就呆住了，心里不舍得拿出去。他看了看自己的左手，赫然发现："原来左手也是我自己的手。"他心里豁然开朗，一下子就把草交出去了，他明白了把草交给别人其实很简单。佛陀笑着说："现在你就把草交给别人吧。"那个吝啬的人将草真的交给了别人。在生活的不断历练中，他学会将自己的财物布施给别人，最后把自己的房子也布施给了别人，然而，他的身心获得了一种从来没有体验过的幸福与快乐。

一个人无法给予另一个人真正的发自肺腑的温暖，就不可能有精神的美。马克·吐温曾说："善良的、忠实的、心里充满着爱的人，不断地给人间带来幸福。"助人为乐者，他们拥有一颗充满爱的心，而爱的力量是最伟大的，也是人间最美好的情感，谁拥有了并付出了它，谁就拥有了一个最美的世界。

心理学启示

如果你的快乐总量比正常人多一些，是因为自己占有了别人曾经遗失的快乐；如果你的快乐总量少一些，是因为自己的快乐曾经遗失了一些。有时候，我们会感觉异常烦闷或懊恼，这时候，你可以反思自己，是否我们在生活中遗失了快乐呢？自己的内心是否变得吝啬了呢？所以，从今天起，学会布施吧，遵从助人为乐定律，让自己感受一份非比寻常的快乐！

与人分享，快乐自己

一位化学家说："我最喜欢跟我的好朋友在实验室里做实验，因为我能够跟我的朋友一起渡过难关。"这就是一种分享。爱迪生懂得分享，所以，光亮照亮了整个世界；梵高懂得分享，所以，朋友会在"向日葵"里感知燃烧的友情。事实上，真诚地分享，会令我们收获更多。托尔斯泰说："神奇的爱，会使数学法则失去平衡，两个人分担一份痛苦，就变成了半份痛苦；两个人分享一份幸福，却可以拥有两份幸福。"分享，本身就是一个加减法，它令我们的痛苦越来越少，快乐却越来越多。生活中的许多东西都是靠分享而得到的，如果你想获得更多的东西，那么，请先从分享开始吧！

汤姆是一位工程师，拥有体面的工作，但是，来自生活的种种磨难令他感到沮丧。虽然汤姆已经到中年了，但是，事业还是没有任何起色，他常常无端地发脾气，怨天尤人。有一天，他对妻子说："这个城市令我很失望，我想离开这里，换个地方。"于是，他毅然决然地搬了家，无论身边的朋友怎么相劝，都无法改变他的决定。

汤姆和妻子搬到了另外一个城市，在新的环境里，汤姆每天早出晚归，似乎很享受这样的状态。一个周末的晚上，汤姆和妻子正在整理房间，突然，停电了，整个屋子一片漆黑，汤姆后悔自己没有购买一些蜡烛，他无奈地坐在沙发上，又开始抱怨了起来。这时，门口传来了轻轻的敲门声，汤姆在陌生的城市并没有熟人，他也不希望自己的生活被人打扰，他不情愿地起身开门，极不耐烦地说："谁啊？"门口站着一个黑影，问道："你有蜡烛吗？"汤姆气不打一处来，生气地回答："没有！"说完，"嘭"的一声就把门关上了。

回到客厅的汤姆开始向妻子抱怨："真是麻烦，讨厌的邻居，我们刚刚搬来就来借东西，这么下去怎么得了！"正在他抱怨的时候，门口又传来了敲门声，汤姆生气地打开门，门口站着一个小女孩，手中拿着两根蜡烛，小女孩奶声奶气地说："奶奶说，楼下来了新邻居，可能没有带蜡烛，要我拿两根给你们。"汤姆一下子愣住了，好不容易才缓过神来，对小女孩说："谢谢你和你奶奶，上帝保佑你们！"说完就拿着两根蜡烛回到了客厅，汤姆瞬间意识到自己的问题：对他人太冷漠、太刻薄，不懂得与他人分享。

邻居的乐于分享感染了汤姆，而那份由两根蜡烛传递的爱更令汤姆感到羞愧。教育心理学教授霍华德·加德纳曾经告诉学生："想让自己的心灵照进阳光，先要打开一条对外的缝隙。"心里充满了爱，我们就会想到分享，定会收获分享的快乐。如果一个人总是抱怨自己不得志，但是，又不愿与他人分

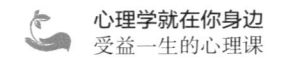

享自己的得失，那么，他注定会成为没人关心的可怜虫。

　　一个人不管是拥有还是失去，是愉悦还是痛苦，都需要有人来与自己分享，只有在分享中找到了共鸣，他才会收获更多的快乐。一个人不把自己的快乐分享给别人，那他永远只会自己开心，没有人替他开心，也没有人会明白他的开心。没有人知道自己的开心，那本来的开心就成了痛苦。因而，分享是一种态度，更是一种带着爱的行动，当我们真诚地与他人分享时，必然会收获更多的东西。

心理学启示

　　有人说，要让自己快乐，最好的办法就是先令别人快乐。而分享本身就能带给别人快乐，在分享的同时，他人会感受到那份久违的爱。分享，有一种神奇的力量，它可以使快乐增加，也会使悲伤减少，最终，它带给我们的只有快乐。同时，分享是一座天平，你给予了他人多少，他人便会回报你多少，分享是收获的前提。

施比受更让人感觉幸福

　　付出远比索取更令人快乐。一个人活着就是要学会给予，勇于付出自己的全部，因为爱是给予而不是索取。那些习惯付出的人总是比那些习惯索取的人更能获得心灵的快乐与安宁，比起索取，付出所获得的幸福感将更加强烈。我们在选择人生的时候，关键在于选择的态度，态度决定一切，谁能真正懂得付出与给予，他的人生一定会充满幸福感。懂得付出，就永远有付出的资本；若只是贪图索取，就永远有必须索取的乞求。于是，付出越多，收获越大；索取越多，收获越小。

　　两个人同时遭遇了不幸，他们来到了阎罗王的大殿，阎罗王察看了两个人在人间的记录之后，对他们说："你们俩在阳间虽然不是什么大善人，但也没有做什么伤天害理的事情，所以，你们就不必下地狱受苦了，我批准你们可以转世投胎重新做人，现在我这里只有两种人，一种是索取的人，另一种是付出的人，请你们各选一个吧！"

　　听了阎罗王的话，头脑比较灵光的人心想：自己一辈子辛辛苦苦，都没有享受过那种无忧无虑、只向他人索取的日子，于是，他急忙对阎罗王说："我先选，我先选，我要选做那个一生只向别人索取的人。"由于阎罗王规定两人不能选同一种人，于是，另外一个人只能无奈地说："那我只有选择做那个付出的人了。"

阎罗王听了他们的决定，笑了笑，便在他们俩的判书上写道："索取的人来世投胎做乞丐，因为乞丐一生不用工作，只需向别人伸手乞讨便可；付出的那个人下一辈子做富翁，因为他通过自己的努力，成为富翁就可以向别人施舍自己的财富。"于是，第一个人生下来做了乞丐，整天索取，接受别人的施舍，常常因为索取时遭到拒绝而痛苦，每一次乞讨时总是面临着难以言状的压力；第二个人则成为大富翁，布施行善，给予他人，感觉到与他人分享的快乐。

通过这个故事，教导我们要做一个付出的人，懂得付出，那就永远有付出的资本；若是贪图索取，就永远只会向人索取。孟子曰："穷则独善其身，达则兼济天下。"由于自己的付出，为他人造就幸福和快乐，而这种幸福和快乐，最终也会降临到我们自己的身上。

一个人跑到释迦牟尼面前哭诉："我无论做什么事情都不能成功，这是为什么？"释迦牟尼告诉他："这是因为你没有学会布施。"那人无奈地说："可我是一个穷光蛋。"释迦牟尼说："并不是这样的，一个人即使没有钱也可以给予别人七样东西。第一，颜施，你可以用微笑与别人相处；第二，言施，对别人多说鼓励、安慰、称赞、谦让和温柔的话；第三，心施，敞开心扉诚恳待人；第四，眼施，以善意的眼光去看待别人；第五，身施，以行动去帮助别人；第六，座施，乘船坐车时将自己的座位让给他人；第七，房施，将自己空下来的房子提供给别人休息。"释迦牟尼说："无论是谁，只要有了这七种习惯，好运便会如影随形。"

在生活中，我们要学会"布施"，因为只有这样我们才能得到更多，学会付出，才能收获幸福；懂得付出，才能有更多的收获。

心理学启示

付出胜过索取，付出是一种快乐。给予总比索取快乐，付出总比接受幸福。付出本身就带着快乐，而索取所带着的将是无限的乞求，一旦自己的内心得不到满足，将会有更大的失望感袭来，所以，付出比索取的幸福感更加强烈。

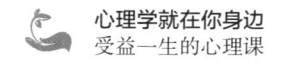

用爱驱赶内心自私的魔鬼

虽然人皆有私心，但爱会让私心变淡。俗话说："人不为己，天诛地灭。"虽然，这句话里有夸大的成分，但是，它却揭示了一个再简单不过的道理：人往往是有私心的。那些崇尚大爱无私的人，毕竟是少数。每个人的内心都有个小小的自我，他们的一些行为或举动都是源于自我需求，他们总是在考虑自己是否损失了利益，自己是否丢失了东西。对于大多数人来说，在他们的内心深处或多或少都有一些私心，如果他们能够奉献出点滴的爱，那也是在满足了自我需求之后。

爱和自私是一对敌人，爱心本身就是无私的，而自私总是以自我为中心，总是想着自己的得失。但是，爱与自私并不是毫无关系的，如果说什么东西能够打败私心，那就只有"爱"了。或许，每个人都有那么一点私心，但是，爱会让私心暗淡。

霍华德·加德纳教授曾说："现代美国人之间的冷漠与孤独很大程度上要归咎于人们自身，是我们自己选择了这样的结果。"面对渴求帮助的人，许多人总是把自己宝贵的东西隐藏起来，害怕给予与付出，这就是私心的一种表现。但是，若是对方首先拿出自己最珍贵的东西，那么，在爱心的感召下，私心变得逐渐暗淡,他也会不自觉地拿出自己的东西,以求一种心理上的平衡。

在许多年以前,有三个士兵,他们刚从战场回来,既饥饿又疲倦。这时,他们来到了一个小村庄,不过,由于粮食歉收和连年的战争,有着小私心的村民们迅速将自己的一点粮食藏了起来,他们在广场上接待了士兵,不住地搓着自己的双手,哀叹着他们是多么贫穷。

士兵们平静地与村民交谈着,一个士兵对村庄的长老说:"既然你们的土地收成不好,不能分给我们点儿吃的,那么我们将会给予你们我们所有的,教会你们如何用石头做一道好汤的秘密。"村民们心里满是好奇,认为士兵们很大方、友善。很快,他们就生起了火,并在广场里架起了村里最大的一口锅,士兵们将三颗光滑的石头丢进了锅里,说道:"这将是一锅好汤,不过,如果有一撮盐和一些欧芹,那就更棒啦!"一个村民听见了,高兴地跳了起来,说道:"多幸运啊!我刚刚想起来家里还有剩下的呢!"说完,她跑回家,不一会儿,就带着满满一围裙的欧芹和一根萝卜回来了,锅里的水慢慢煮沸了,村民的记忆突然变得好起来,他们纷纷回家拿了自己的大麦、胡萝卜、牛肉,还有奶油,全部都放进了那个大锅里。

汤煮好了,大家吃啊、跳啊、唱啊,一直玩到深夜,美妙的宴会令每个人都感到快乐与幸福。第二天早上,三个士兵醒来的时候,他们看见所有的村民都站在自己面前,在他们

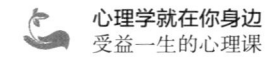

的脚边还放着一包保存最好的面包和奶酪，村里的长老对他们说："你们把最好的礼物送给了我们：如何从石头里做汤的秘密。这一点我们永远不会忘记。"一位士兵笑着说："这并没有什么秘密，但是，有一件事是肯定的：只有你们付出爱心，我们才可能举办一次宴会。"说完了，三个士兵踏上了路途，留下村民们在那里沉思。

即使面对打仗归来的士兵们，村民们只想着自己的生活，怀着私心把自己的粮食藏了起来，并在士兵面前哭穷，企图以这样的方式来"赶走"士兵们。但是，当士兵们表示愿意将"如何用石头做汤的秘密"告诉给村民的时候，村民觉得士兵太慷慨了，自己为什么不试着贡献一点点东西呢？于是，在爱心的召唤下，村民们开始拿出自己藏起来的粮食，纷纷投入那锅汤里，大家举办了一个非常美妙的宴会。士兵们临走时，村民们为了感谢，主动拿出了自己最好的面包与奶酪，这时，他们的心里已经溢满了爱，而正是爱让他们的私心变得暗淡。

心理学启示

在爱面前，再坚固的私心城堡也将会被摧垮，私心逐渐变得暗淡，只能畏缩在那个小小的角落里，或者是消失不见。自私，对于每个人来说，是人性最大的缺点，那些自私自利的人，他们只能守着荒芜的心灵花园，独自到老。而那些充满爱心的人，他们的花园里挤满了游客，到处飘洒着快乐与幸福。假如自私的人无意间路过那个美丽的花园，那么，在爱心的召唤下，他们内心的自私也会逐渐被瓦解，重新建立起一座美丽的心灵花园。

第8堂课

学习解救自己的心理课：放下得失，自在安然

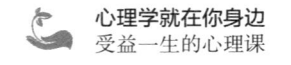

人生本无事，庸人自扰之

富兰克林曾说："不要预期烦恼，或者为可能永远不会发生的事情担心，要保持快乐。"在现实生活中，每个人都有烦恼或正在经历烦恼，但事实上，很多烦恼都是我们自找的。我们可以寻找甜蜜的爱情、美好的生活，但绝不可以自寻烦恼。虽然，烦恼是我们每个人都避免不了的，但是，如果你总是自寻烦恼，烦恼就会成为你生活的一部分，你甩也甩不掉。许多人的烦恼、郁闷都是自找的，本来没有什么烦恼，或者说原本就不是烦恼，但由于内心的浮躁，不自觉地把一切事情都当作烦恼。所以，善待自己，宽容自我，抛弃心中的烦恼，不要总是自己跟自己过不去。

一位著名的心理学家为研究"烦恼"问题，做了一个很有趣的实验：心理学家要求实验者在一个周日的晚上，把自己未来7天内所有忧虑的"烦恼"都写下来，然后投入一个"烦恼箱"里。三周过去了，心理学家打开了"烦恼箱"，让所有实验者一一核对自己写下来的每个"烦恼"。结果发现，其中百分之九十的"烦恼"并没有真正发生。这时，心理学家要求实验者将真正的"烦恼"记录下来，并重新投入"烦恼箱"。

三周很快过去了，心理学家又打开了"烦恼箱"，让所有实验者再一次核对自己写下的每个"烦恼"，结果发现，那些曾经的"烦恼"，已经不再是"烦恼"了。所有的实验者感觉到，对于烦恼，总是预想得很多，但往往出现得很少。对此，心理学家得出了这样的结论：一般人所忧虑的"烦恼"，有百分之四十是过去的，有百分之五十是未来的，只有百分之十是现在的，而最终的结果是，至少有百分之九十的烦恼是根本没有发生过的，剩下的一点烦恼则是可以轻松应对的。所以，许多烦恼都是自己找来的，这就是所谓的"烦恼不寻人，人自寻烦恼"。

一群研究生曾向心理学家请教：你怎么解释"烦恼都是自己找来的"呢？心理学家微笑着不说话，一会儿，他从房间里拿出了20多个水杯摆在茶几上，杯子各式各样，还有不同的材料，有的是玻璃杯，有的是塑料杯，有的是瓷杯，有的是纸杯，有的杯子看起来很高档，有的杯子看起来很粗陋。心理学家开始说话了："你们都是我的学生，我就不把你们当客人看待了，你们要是渴了，就自己倒水喝吧。"这天正值天气闷热，大家便纷纷拿了自己中意的杯子倒水喝，当学生们都拿起了杯子，心理学家说话了："大家有没有发现，你们挑的杯子都是比较好看、比较别致的，像这些塑料杯和纸杯，都没有人拿走。其实，这就是人之常情，谁都希望手里拿着的是一只好看一点的杯子，但是，我们需要的是水，而不是水杯，所以说，杯子的好坏，并不影响水的质量。"接着，心理学家解释道："想一想，如果我们总是有意或无意地把选杯子的心思用在那些琐碎的事情上，甚至用在攀比上，那么，烦恼自然而然就来了。"

对此，美国心理治疗专家比尔·科特尔经过研究认为：一个人若有下面的心理或做法，一定会自寻烦恼。

（1）总是把别人的问题揽到自己身上。这样下去就会自怨自艾，把别人不喜欢自己的原因都统统归咎于自己，那么，要不了多久，你就会自寻烦恼。

（2）喜欢做一些不切实际的梦。许多人习惯于抱着不切实际的希望，如果一个人总是把自己的目标定得很高，那么，期望越大失望就越大。

（3）总是着眼于事情的消极面。有的人总是记住自己受过的不公正待遇，记着别人态度的不友善。如果总是把注意力集中在那些事情的消极面，那么，长此以往，你就会运用消极的思想方法来为自己制造烦恼。

（4）人为地制造隔阂。有的人不喜欢赞扬别人，不使用任何鼓励的语言，总是喋喋不休地批评、挑刺、埋怨他人，这样会制造出隔阂，无疑是自寻烦恼。

（5）滚雪球式地扩大事态。当问题第一次出现的时候，学会正视它，那么问题就很容易化为乌有。相反，如果让问题像滚雪球一样不断地扩大下去，那么就会养成"如果错过了解决问题的时机，索性就再往后拖"的思维定式，这样只会让问题变得更糟。

（6）以可怜者自居。总是想着"我多可怜，没有人心疼我"，经常这样想，必然会使自己凭空多出许多烦恼，同时，也令自己感觉变得糟糕。

（7）总是说"我早就知道会如此"。如果自己预料到会有什么坏事出现，它们多半是会兑现的。

（8）看不起所有人。有的人把其他人看得一文不值，他们首先嫌弃自己，贬低自己的价值，然后，他觉得其他人跟自己一样浅薄，于是，对他们不屑一顾，使自己变得异常烦恼。

比尔·利特尔告诉我们：不管你是高官还是平民，是富豪还是穷人，是社会名流还是无名之辈，谁也超越不了"有得必有失"的辩证逻辑。有时候，我们不去自寻烦恼，烦恼还会找上门来，那么，我们就要学会淡化烦恼，化解烦恼。其实，减少烦恼的关键就是不要自寻烦恼，凡事都以坦然的心态面对。

心理学启示

医生都知道一个秘密，那就是：许多疾病都可以不治而愈。同样的道理，许多烦恼都会很快消失不见，想要克服心中的烦恼，我们就应该养成一种超然的心态，把心里的烦恼看作流过的江水，不要让自己沉溺在里面，

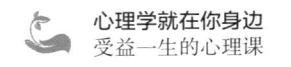

要将心神集中在现实生活中的事物上,学会感恩,试着将那些值得快乐的理由写下来,这样我们就能摆脱烦恼的纠缠了。

宽容是放过自己的心灵解药

　　宽容是解救自己心灵的心法。唐太宗宽容了魏征，成就了"贞观之治"的盛世；鲍叔牙宽容了管仲，成就了"九合诸侯，一匡天下"的壮举；蔺相如宽容了廉颇，成就了一段"将相和"的千古佳话。他们在宽容他人的同时，也提升了自己的思想境界，这就是一种心灵的修炼。

　　在第二次世界大战期间，一支部队在森林中与敌军相遇，经过一场激烈的战斗之后，有两名战士与部队失去了联系，只剩下这两名战士相依为命。两人来自同一个小镇，他们在森林中艰难跋涉，互相安慰，可是，十多天过去了，他们仍然没有与部队联系上。有一天，他们打死了一只鹿，然后凭着鹿肉艰难地度过了几天。也许是战争使动物都逃走或被杀光了，他们再也没看到任何动物，两名战士带着仅剩的一点鹿肉，继续前行。

　　这一天，两名战士在森林中与敌人相遇，经过一次激战，两人巧妙地避开了敌人。就在他们快要脱离危险的时候，却听到一声枪响，走在前面的那个年轻战士中了一枪，幸运的是只伤在了肩膀上。后面的那位士兵惶恐不安地跑过来，害怕得语

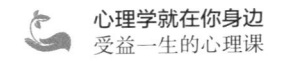

无伦次，抱着年轻战士的身体泪流不止，他赶快撕下自己的衬衣将战友的伤口包扎好。那天晚上，没有受伤的战士一直念叨着母亲的名字，他们都认为自己熬不过这一关了，尽管他们十分饥饿，但谁也没有动身边的鹿肉。幸运的是，第二天部队救出了他们。

30年过去了，那位受伤的战士说："我知道是谁开的那一枪，他就是我的战友，当时在他抱住我的时候，我感觉到他的枪管是热的，我怎么也想不明白，他为什么对我开枪？但是，当天晚上我就原谅了他，我知道他想独吞那点鹿肉，我也知道他想为了母亲而活下来。在以后的30年里，我假装不知道这件事，也从来不提这件事。战争太残酷了，他的母亲还是没有等到他回来，我和战友一起祭奠了他的母亲。在那一天，战友跪下来，请求我的原谅，我没有让他继续说下去，我们继续做了几十年的朋友，我宽恕了他。"

即使战友伤害了自己，战士依然决定以宽容来对待他，在他原谅战友的那一刻，他自己的心灵也得到了救赎。宽容，让我们少了一分忧伤，多了一分快乐；宽容，使我们少了一分仇恨，多了一分善良；宽容，让我们少了一分嫉妒，多了一分真诚；宽容，使我们少了一分纷争，多了一分友爱。宽容是解救自己心灵的心法，使我们的心灵得到升华。

心理学启示

面对他人有意或无意之间造成的错误，如果我们心里充满憎恨，老是愤愤不平，希望别人能遭到不幸或惩罚，但是又不能如愿，那么一种失望的情绪就会涌上来，内心将充满仇恨，我们就会失去了往日那种轻松的心境和快乐的情绪。学会宽容他人的错误，即使只是一句最简单的话，也能够迎来天空的蔚蓝。其实，宽容并不是姑息他人的过错，更不是自己软弱的表现，而是一种理解，一种心灵的修炼。当别人做了错事的时候，宽容对方往往是最好的处理办法。

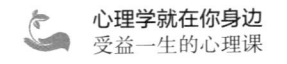

人生苦短，何必被物欲和虚荣掌控

生命这一叶扁舟，载不动太多的物欲和虚荣，如果不想生命之舟搁浅或沉没，我们就要学会退一步，用高远的眼光看清人与事。

史学家范晔说："天下皆知取之为取，而莫知与之为取。"得与失是互相转化的结果，这句话似乎道出了所有的哲理。那些懂得其中玄机的人，他们会善于掌握得失的主动权，坦然地退一步，用长远的眼光看清自己的得失，这样，他们更容易获得自己想要的东西。这时候，退一步并不是放弃，而是一种新的获得。生命只有两种状态：运动和停止。只会向前猛冲，而不懂得后退或减速的人，在人生的某个弯道处，一定会冲出跑道，从而失去更多。

小米和小松是好朋友，他们俩从小就喜欢画画，常常拿着笔在墙上、报纸上涂画。后来，在自己的要求下，父母把他们送到了美术班里学习。长大后的他们更加喜欢绘画了，高考那年，小米和小松费了很多口舌说服了父母，让自己报考美术学院。在大学里，小松和小米经常在一起谈论着未来，描画着自己的蓝图，他们坚信自己会坚持下去，并通过画画挣钱来让身边的人幸福。

　　大学毕业后，小松和小米开始找工作了。他们整天奔波于各家报社，希望能够成为报社的美术编辑，可是，各家报社的主编都以种种理由拒绝了他们的求职申请。在多次碰壁之后，小米绝望了，本来希望通过自己的一技之长带给妈妈幸福的生活，却发现社会根本没有自己的容身之地，养活自己已经很困难了。而小松却咬牙说："我一定要坚持画画，绘画是我生命中不可缺少的一部分。"他毅然放弃了找工作，把自己关在家里，没日没夜地画着。在现实的残酷打击下，小米开始愈加颓废了，妈妈心疼地说："你既然那么喜欢画画，不如自己开一间画室吧。"小米听了，觉得心里很难受，当初是想通过找份工作继续自己的绘画创作，现在却需要自己的这份才华去养家糊口。

　　思索了很久，小米决定自己开一间画室，他跑去与小松商量，却被小松骂走了，小松说："绘画挣钱？你这是在亵渎艺术。"于是，小米单枪匹马开始了创业，他向亲戚朋友借了钱，再加上妈妈的积蓄，开了一间属于自己的画室，既教小朋友画画，又出售自己的作品。几年之后，小米的画室成了这个城市有名的美术培训学校，他不仅还清了所有的欠债，还拥有了自己的房子、车子和存款，当初给妈妈许下的承诺也实现了。而小松依然整天窝在家里画画，但是，由于小松没有名气，所有的画都卖不出去，他成了一个穷困潦倒的画家。小米每天教画之余，还很用心地钻研自己的作品，逐渐提高了自己的绘画水平，在美术界里，也成了小有名气的画家。

面临人生的窘境，小松坚持继续画画来作为自己的工作，不肯退一步，最后，他成了一个潦倒的画家。而小米在妈妈的建议下，开了一间属于自己的画室，一边教小朋友画画，一边创作自己的作品，最后，他获得了成功，兑现了自己当初的诺言，同时，成就了自己的梦想，成了小有名气的画家。相比较，谁的选择更完美呢？面对人生的困境或挫折，我们要选择后退一步，这样我们才能以长远的目光着眼于未来，才有可能获得成功。

智者说：当我们无法前进的时候，退一步也是一种智慧。在通往成功的路上，若是不顾头破血流地一意孤行，最后我们可能什么都得不到；但是，如果我们能够停下来，或者退后一步，我们会看清前方的景色，这样会更容易获得最后的成功。

心理学启示

退一步，并不是懦弱的表现，而是一种智慧的策略。有时候，看似退了一步，实则向前进了一步，这才是得与失最智慧的所在。当我们向后退了一步，我们才会重新看清一些东西，或许，你注意到，有的人因负荷太重而步履维艰，有的人因欲壑难填而疲于奔命，有的人因深陷其中而难以自拔。如果我们想踏上轻松的人生之旅，请学会退一步，或者停下来欣赏路边的风景，这样我们才能更有力量走完后面的路程。

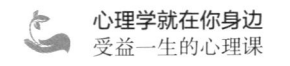

不以物喜，不以己悲

生活中，世事难料，因为任何事情都有一个变化发展的过程，此刻你不如意并不代表你一生不幸，此时你满面春风并不代表你一生顺利，人生充满得失，虽然我们不能掌握变化无常的事态，但我们可以掌控自己的心态。"不以物喜，不以己悲"这种淡定通达的心态，正是现代人要追求的。正如《老子》五十八章中描述的："祸兮福之所倚，福兮祸之所伏。孰知其极，其无正。正复为奇，善复为妖。人之迷，其日固久。"无论遇到什么事，都不要执迷于单向度的追求，而是要了解相依转换的道理，然后调整心态，走上自立自足的生活。祸福本身就是转换的。因此，不管你现在得到了什么，失去了什么，都不要纠结于一时，心态是自己选择的，祸会转化为福，福也会转化为祸，为何不敞开心扉，坦然地面对呢？

"塞翁失马，焉知非福"的故事，我们已经烂熟于心。

从前有个智者，大家都叫他塞翁。

有一天，塞翁的马从马厩逃出去跑到了胡人境内，很明显，这匹马就是别人的了。邻居们纷纷过来，向塞翁表达安慰之情，但塞翁一点都不难过，反而笑笑说："我的马虽然走失了，但这说不定是件好事呢？"

又过了几个月，这匹马居然自己跑回来了，而且还跟来了一匹胡地的骏马，这不是意外之财吗？大家都过来向他道贺，塞翁这回反而皱起眉头对大家说："白白得来这匹骏马恐怕不是什么好事哦！"

塞翁有个儿子很喜欢骑马，有一天，他心血来潮，要骑这匹"外来马"，结果一不小心从马背上摔下来跌断了腿，邻居们知道了这个意外又赶来塞翁家，安慰塞翁，劝他不要太伤心，没想到塞翁并不怎么伤心，反而淡淡地对大家说："我的儿子虽然摔断了腿，但是说不定是件好事呢！"

儿子摔断了腿，塞翁居然认为是好事，邻居们都感到莫名其妙，他们认为塞翁肯定是伤心过头，脑子糊涂了。过了不久，胡人大举入侵，所有的青年男子都征调去当兵，但是胡人非常剽悍，所以大部分年轻男子都战死沙场，塞翁的儿子因为摔断了腿不用当兵，反而因此保全了性命，这时候邻居们才领悟到，当初塞翁所说的那些话里所隐含的智慧。

塞翁的确是个智慧的老人，他就懂得"福祸相倚"的道理，因此他既不以福喜，也不以祸忧。后来这个故事在人间流传了上千年，成为人们经常规劝他人的一个成语：比喻虽然一时受到损失，也许反而因此能得到好处。也指坏事在一定条件下可变为好事。但生活中，我们是否能做到既不以福喜，也不以祸忧呢？答案是否定的，人都是情绪化的动物，一些人遇到悲伤之事，便萎靡不振；在竞争中获胜，便高兴不已，甚至得意忘形。显然，大喜大悲并不是一种好的处世心态。

因此，无论得失，我们都要调整自己的心态，超越时间和空间去观察问题，要考虑到事物有可能出现的极端变化。这样，无论福事变祸事，还是祸事变福事，都有足够的心理承受能力。

可以说，"宠辱不惊，看庭前花开花落；去留无意，望天空云卷云舒"，这份闲散与安逸，对于现代社会的人们来说，或许真的是一种奢望。要放下人生道路上得失成败的压力，还需要我们保持一颗平常心。对"花花绿绿""流光溢彩"不生非分之心，不做越轨之事，不做虚幻之梦。面对外界种种变化与诱惑，心不痒，嘴不馋，手不伸，脚不动，荣辱不惊，去留淡然，白天知足常乐，夜晚睡眠安宁，走路步步稳健。总之，拥有一颗平常的心，能让我们拿捏好分寸，把握住幸福。

心理学启示

人生之路，不会总是阳光灿烂，不会总是枝繁叶茂，不会总是掌声不断，也会有阻挡在眼前的高山和荒凉的沙漠，也会有阴天时的迷雾重重，也会有他人的冷落，任谁也无法轻松地跨越。只要拥有平淡的真实，才会真正懂得品味人生，抒发人生，才会拥有自我，心存淡泊。平淡才是人生的至高境界，它让你获得坦荡、自然的快乐。生活中的点滴愉悦，都是生活中的原汁原味。

放下失去的，才有机会迎接更好的

生活中，我们经常会失去很多东西，如果失去之后，再失去快乐的心情，岂不是失去得更多了？世事难料，谁也不想让倒霉和不幸的事发生在自己身上，但如果发生了，你应该怎样去面对呢？种种失去大都会在我们的心理上投下阴影，有时我们甚至会因此而备受折磨。究其原因，就是我们没有调整好心态去面对失去，没有从心理上承认失去，只沉湎于已不存在的东西，而没有想到去创造新的东西。我们常说："旧的不去新的不来。"事实正是如此，与其为失去的懊悔，不如振作起来，重新开始，去赢得新的机遇。

每个人都曾经历过失去，但对其所持的心态却不同。有的人总是向他人反复表明他失去的东西多么好，多么珍贵；有的人则不同，比如，他们在失去了原有的工作之后，不是一味地伤感，而是主动寻找新的工作；他们相信，失去并不意味着失败，失去后还可以重新拥有。这才是成功者应具备的心态。

在人生旅途中，我们可能会遇到坎坷和不幸；可能会有名利得失和荣辱毁誉；可能会有历史的伤痕和岁月的沧桑……如果一切都是不可避免的，那我们不妨挥一挥衣袖，学会舍弃，舍弃应该舍弃的一切。舍弃功名利禄，将会防止那种孤独的、高处不胜寒的悲凉；舍弃曾经的痛楚，那将有助你寻找到另一份真正属于自己的幸福；舍弃曾经的仇恨，那将帮助你开辟另一条通往成功的大道；舍弃曾经的成功，那将有助于把你带往新的人生高峰。

30年前，一个年轻人离开故乡，开始踏上自己的旅途。他动身的第一站，是去拜访本族的族长，请求指点。老族长正在练字，听说本族有位后辈准备踏上人生的旅途，就写了3个字：不要怕。然后抬起头来，望着年轻人说："孩子，人生的秘诀只有六个字，今天先告诉你三个，供你半生受用。"30年后，这个曾经的年轻人已是人到中年，有了一些成就，也添了很多伤心事。归程漫漫，到了家乡，他又去拜访那位族长，到了族长家里，才知道老人家几年前已经去世，家人取出一个密封的信封对他说："这是族长生前留给你的，他说有一天你会再来。"还乡的游子这才想起来，30年前他在这里只听到了人生的一半秘诀，拆开信封，里面赫然又是三个大字：不要悔。

生命在不断地延续，舍弃也会成为一种衰老的必然，我们无法抗拒和逃避。有时想想，如果真的能舍弃一切，也未必不是一种庆幸，至少麻烦来了就会消退，乌云便会随风而散。就像一位哲人说过，人的双脚不可能同时跨入同一条河里。世界的一切都在变，尽管你并没有意识到，但是事实上，我们所面对的，每一分每一秒都是一个崭新的世界。

属于你的新的一天又会到来，你要去做一些事情，帮助别人来认识你、发现你。做自己的主宰，用一种全新的意识与心态对待即将开始的这一天，给自己一个新鲜的开始。你会觉得自己是如此快乐，世界是如此美好，而你生活的意义，又是那么让你满意愉悦。也正因为如此，你的人生价值才会因你的自我更新而获得提高。

心理学启示

对于每个人来说，生活中出现过的是可能忘记的，而曾经走进心里的是难以忘怀的。人生路上会有各种各样的放弃，但关键的却只有几次。无论何种放弃都是为了生活，对于世界不足为奇。过去的就让它过去吧！因为生命是一次没有回程的旅行。

第9堂课

学习经营家庭的心理课：家是心灵最坚实的依靠

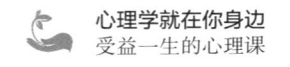

表达赏识，家人也需要你的认可

家庭幸福的秘诀之一，就是赏识。美国著名心理学家詹姆斯说过这样一句话："人性中最深切的本质是被人赏识的渴望。"每个人都渴望受到别人的赏识、夸奖、称赞，因为他们希望自己的某些优点能够得到肯定，这将会成为他们不断前进的动力。其中，他们最看重的是来自家人的赏识，没有谁比同住在一个屋檐下的人更了解自己，而且，家人既了解自己的缺点，又了解自己的优点，还一如既往地支持自己。不仅如此，家庭成员之间的赏识还会变成一笔财富，这种赏识精神将不断地被继承下去，在这样的转变过程中，那些受到影响的人会逐渐学会赏识别人，更重要的是学会赏识自己。

比尔·盖茨开创了个人计算机时代，这位20岁就辍学创业的哈佛学子，31岁就成了有史以来最年轻的亿万富翁，从39岁开始连续12年"霸占"世界首富位置。几十年来，比尔·盖茨率领着微软帝国驰骋于世界，深刻地改变着人类的生活方式。有人这样说，微软的影响力甚至超过一个行政意义上的国家，而比尔·盖茨则成了人们心目中的偶像。有人好奇地问比尔·盖茨是如何获得如此卓越的成就，他把功劳归功于母亲对自己的影响。

　　2003年5月11日是母亲节，但就在前不久，华盛顿大学的董事长玛丽·盖茨去世了，这是一位伟大的母亲，她就是比尔·盖茨的母亲。为了纪念这位董事长，华盛顿大学的校园网上贴出了这样一张问卷——"你从母亲那儿继承了什么？"并在打开问卷的地方做了一幅小小的动画：玛丽·盖茨注视着一个金鱼缸，缸中有一只大白鲨正在鱼群中游动，如果有人点击，它就会吃掉一条小金鱼，并传出一句话："任何会动的东西，都是我的猎物。"有人会惊讶地发现，这句话就是比尔·盖茨的名言。在旁边，华盛顿大学给予了这样的提示："只要你回答这个问题，我们就告诉你，比尔·盖茨是如何回答的。"

　　比尔·盖茨从母亲那里到底继承了什么呢？面对这样一个问题，谁能不感兴趣呢？有一个哈佛学子看到了这样的问卷，为了知道比尔·盖茨的母亲给儿子留下了什么珍贵的财富，他按要求填写了答案——虔诚。点击"发送"以后，对话框就弹出了这样一句话："不错！你和比尔·盖茨一样，从母亲那儿继承了同样的东西。"哈佛学子心想：难道是自己上当受骗了吗？这时，他看到了一张实物问候卡影印件，那是1975年母亲节时，比尔·盖茨寄给妈妈的，那时，他正在哈佛大学读二年级。在卡片上，比尔·盖茨写了这样一段话："我爱您！妈妈，您从来不说我比别的孩子差；您总是在我干的事情中，不

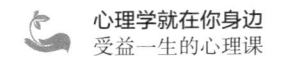

断寻找值得赞许的地方；我怀念和您在一起的所有时光。"

比尔·盖茨从母亲那里到底继承了什么，我们似乎都没有得到具体的答案，但是，从他对母亲所写的这段话中，我们似乎感觉到，他从母亲那里所得到的珍贵财富是——赏识。来自母亲的赏识，铸就了比尔·盖茨的成功，或许，正是那种被赏识所产生的自豪与喜悦，督促着比尔·盖茨在成长的道路上不断前进。

心理学启示

每个人都渴望被赏识，一个人活着不仅仅是为了自己，也不只是为了获得衣食住行的满足，更重要的是精神上的满足。许多人都有这样的体会，最原始的快乐不是物质上得到了满足，而是自己的能力获得了肯定，自己的价值能够获得别人的认可。

常怀感恩之心，更能感受到幸福

世界上最幸福的人，就是那些心中常怀感激的人。哲人说："精彩完美的人生，总是怀着感激的人生。"对于那些心存感激的人来说，整个世界都是光明的。感激是一种积极向上的阳光心态，同时，也是鞭策自己、战胜自己的心理素质。感激是一种处世哲学，人生在世，不可能没有感激之心，否则，他就丧失了人类最基本的感情——爱。人贵有感激之心，只有怀着一种感激的心态，才能称得上是最幸福的人。

在日常生活中，许多人习惯于抱怨，不懂得感激，这样的消极心态像病毒一样感染人群。一个人若不懂得感激，那么，他所能做的只能是抱怨，或许，工作不如意，感情不顺利，生意遭亏损，等等，生活似乎给了我们太多抱怨的机会，但是，抱怨真的有用吗？事实证明，大多数的抱怨都将于事无补，与其抱怨生活，不如怀着一颗感激的心生活着，这样，你会发现生活有一种别样的美好。

王先生和太太住在海边的别墅里，这里的景色十分优美，让人感到心旷神怡。不过，这天，王太太的心情似乎并不太好，她面露愠色，一见王先生走了进来，她不顾孩子在身边，就指着他大声嚷嚷："都是你，在这种鬼地方买房子，害得我每天都要开车去上班，今天正好碰上塞车，停停开开，耽误了两个小时才到家，简直是活受罪！"王先生显得很不耐烦："喂！说话公平一点儿好不好？当初，是你嫌旧房子不够派头，又说海景房增值快，我们才搬到这里来的，现在，每天回家，你不是抱怨这，就是抱怨那，从来就没听你说过好话。"王太太提高了嗓门："哟！现在是你在抱怨我，还说我爱抱怨呢……"

坐在客厅里的两个孩子互相看了一眼，以往的经验告诉他们，一场"大风暴"即将来临。于是，两个孩子溜了出去，并排坐在台阶上，这时，隔壁传来了刘先生和太太的对话："哎，咱们的大厨师来了，今天的菜真香啊！"刘先生声音里充满了欢笑："真幸运，之前空闲时学会了做菜和种田，现在才能做给你们吃呀。"刘太太也附和道："真幸运，我嫁给了你，这么多年过来了，想想真幸福。"两个孩子听见了，但是似懂非懂，小女孩不解地问道："爸爸妈妈都是大公司的主管，为什么他们总是吵架呢？"

有人这样形象比喻：在家庭生活中，"抱怨"是感情的毒药，"感激"是婚姻的蜜糖。一个人若是习惯了抱怨生活，快乐就会被排挤出去；一个人若是习惯了感激生活，那感恩就会从内心里涌现出来，使整个家庭都洋溢着幸福与快乐。

在现实生活中，许多人总是把自己想象成受害者，最后导致心理不平衡，内心滋生出无数的抱怨。他们常常抱怨上天的不公平，抱怨生活的不如意，抱怨工作的辛苦，抱怨父母的不理解，抱怨朋友的欺骗。然而，他们并没有意识到，随着一声声的抱怨，自己的心情也越来越坏，气氛也变得越来越糟糕。许多人把抱怨当作一种发泄情绪的途径，因为抱怨比较容易、比较直接，可是，与一颗感激的心相比，抱怨经常更容易伤害人，最后，还会伤害自己。

心理学启示

"感激"是根治"抱怨"的良药，一个人若是懂得感激，他就不会抱怨。每一个人从出生到成长，直到离开这个世界，所拥有的一切都是恩典，这样想来，还有什么可抱怨的呢？学会感激上天的眷顾，感激生活的美好，感激拥有一份工作，感激父母，感激朋友的真诚。

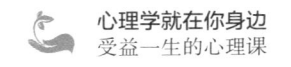

蝴蝶效应：不可忽视家庭生活的小细节

魔鬼通常会隐藏在细节中。一只南美洲亚马孙河流域热带雨林中的蝴蝶，偶尔扇动几下翅膀，可以在两周以后引起美国得克萨斯州的一场龙卷风。原因在于蝴蝶扇动翅膀的运动，导致它身边的空气系统发生变化，并产生微弱的气流，而这看似微弱的气流又会引起周围空气或其他系统产生相应的变化，从而引起一个连锁反应，最终导致其他系统的巨大变化。这就是心理学中著名的"**蝴蝶效应**"。1963年，美国气象学家爱德华·罗伦兹在一篇论文中分析了这个效应："一个气象学家提及，如果这个理论被证明正确，一只海鸥扇动翅膀足以永远改变天气变化。"蝴蝶效应告诉我们：一件表面上看来毫无关系、非常微小的事情，却有可能带来巨大的变化。在日常生活中，我们千万不可忽视细节的作用，尤其是在家庭生活中，可能一件小事情也会导致大的冲突或矛盾。

一位男士由于在公司受到了领导的批评，心中闷闷不乐，一个人在街上徘徊，直到深夜才回家。妻子见丈夫回来晚了，就询问道："今天你怎么回来这么晚？"丈夫一听，正愁自己的怒气没有地方发泄，于是，他朝着妻子大声吼道："回来晚了怎么了？我就不能晚回来？"看到丈夫这样的态度，妻子感到很委屈，心想：我也是关心你才这样问，你怎么一点也不识好歹。于是，妻子越想越生气，这时，儿子跑过来问妈妈："妈妈，怎么还不吃饭啊？我都快饿死了。"

妻子听到儿子在旁边吵着要吃饭，心里更烦了，冲着儿子大叫："吃饭！吃饭！你就知道吃饭，饿不死你。"听了妈妈的话，儿子不乐意了，心想：你们大人闹脾气，干吗拿小孩出气？这时候，家里养的一只小花猫跑过来了，对着儿子叫："喵……喵……"正在生气的儿子对着小猫的屁股就是一脚，小猫尖叫了一声，跑出了家门，冲到街道上，这时，一辆面包车正开了过来，司机为了躲避小猫，却不小心将一位正在走路的老太太撞倒了，最后，引发了一场严重的交通事故。

即使这个故事并不真实可靠，但是，我们对于故事里的一些情节却是丝毫不陌生。许多人一旦在工作单位有了不良的情绪，不懂得找合适的途径发泄出去，一不小心，就带回了家里，从而伤害了家人，破坏了和谐的家庭气氛。心理学家对此做过一项统计：家庭生活中的大多数矛盾纠纷，其导火线都是一些微不足道的小事或者十分琐碎的事情。因此，为了家庭的和谐与温馨，不要忽视细节方面的东西，哪怕是一件十分细小的事情，我们也应该避免发生，否则，很有可能会引发一场大的家庭战争。

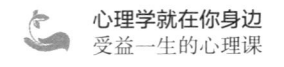

在西方流传着这样一句民谚："丢失一个钉子，坏了一只马蹄；坏了一只马蹄，折了一匹战马；折了一匹战马，伤了一位骑士；伤了一位骑士，输了一场战斗；输了一场战斗，亡了一个帝国。"或许，这句民谚是"蝴蝶效应"的最好解释，"丢失了一个钉子"，本来是一件多么微不足道的事情，但是，其事件发展的长期效应却是与一个国家存亡有着顺应联系。所以，在任何时候，我们都不要忽视一个细节所带来的巨大作用，可能只是略带嘲讽的眼神，或者一句冷冰冰的话，就会导致整个家庭爆发一场战争，这跟国家的存亡是一样的道理。

心理学启示

古人说："横过深谷的吊桥，常从一根细线拴个小石头开始。"有可能是一滴很小的水滴，但如果在雪坡上向下滚动，就会越滚越大。在家庭生活中，我们不应该忽视每一个细节，可能只是一个细微的举动，却传递给对方一个不好的信息，破坏对方的情绪，导致两个人出现矛盾与冲突，最终，影响整个家庭的和谐与温馨。

史塔勒公理：对待家人要有一颗感恩的心

只有那些心怀感恩的人，才能视万物皆为恩赐，也只有当我们心中充满了感恩之情的时候，世界才会变得美好无比，苦难才会变得甘之如饴。无论什么时候，如果我们能将感恩的情绪融入家庭中，那么，家庭生活的质量就会得到改变，自己的疲劳感也会相对地大幅度减少。在家庭生活中，需要教给孩子最重要的一课就是"懂得感恩"。或许，不同的父母面对孩子的教育，其所针对的重点往往会不一样，有的父母特别注重孩子的学习成绩，有的父母则侧重于孩子的智力开发，而有的父母则看重让孩子从小就拥有一颗感恩的心。感恩，对于每一个人来说，都是非常重要的，只有懂得了感恩，才会懂得如何爱人。

约翰只是麦当劳的一名普通员工，每天，约翰的工作就是不停地去做许多相同的汉堡，这份工作在其他人看来，几乎没有任何新意，每天面对相同的汉堡，有什么意思呢？但是，约翰本人却不这样认为，他依然从这份简单而枯燥的工作中体会到了快乐。每天上班，约翰都满怀善意的微笑来面对每一个顾客，几年来一直如此，约翰的那份快乐，感染了许多人，有人好奇地问他："约翰，为什么对这样一份毫无变化的工作感到快乐呢？究竟是什么让你充满了热情？"约翰笑着回答："我每做出一个汉堡，就知道一定会有人因为它的美味而感到快乐，那我也就感到了我的作品带来的成功，这是多么美好的事情，因此，每天我都会感谢上天能给我这么好的一份工作。"

或许是约翰快乐的心情所带来的好运，这家店的生意越来越好，名气也越来越大，后来，就连麦当劳的总管也知道了约翰的名字，于是，约翰得到了公司的一个重要职位，然而，他发自内心的感恩却并没有消失。

洛克说："感恩是精神上的一种宝藏。"为什么约翰总是那么快乐呢？这主要是源于一个心理学中的重要公理——**史塔勒公理**。史塔勒是美国一位心理学家，他热衷于研究那些奇怪的现象。有一次，史塔勒对奥黛丽·赫本这位著名的好莱坞影星产生了兴趣，因为在赫本身上，史塔勒发现了两项有趣的记录：一是她一生结过八次婚，二是她从来没有看过心理医生。史塔勒对此感到十分奇怪，他下定决心深入研究赫本，希望能够找到赫本保持心理健康的秘诀。

史塔勒翻阅了所有关于赫本的报道，逐渐地发现了赫本有别于其他影星的特点：赫本曾息影8年，这几乎是好莱坞历史上的首例；赫本曾做过67次亲善大使，在1956年至1963年期间，她几乎每个月都会到码头、监狱、黑人社区做义工。最后，史塔勒得出这样的结论：奥黛丽·赫本非常喜欢做无报酬的慈善工作。

越是深入研究赫本，史塔勒越是发觉赫本身上可能隐藏着某种心理学，为了证实自己的推论，史塔勒开始对其他乐于公益事业的名人和富翁做研究。最后，史塔勒发现那些热衷于做慈善事业的名人和富翁都具有这样的特点：少有怪癖以及不良记录，几乎都没有看过心理医生。后来，史塔勒把自己的发现应用到一些特殊病人身上，结果，许多人在参与志愿服务以后，内心的阴霾消失不见，重新变得乐观起来，效果与接受医疗干预类似。于是，人们将这种一个人付出没有金钱和物质回报的劳动会得到精神和心理方面的补偿的规律，命名为"史塔勒公理"。

史塔勒公理被提出之后，美国好莱坞掀起了一股争做联合国亲善大使的热潮，人们争着去贫穷的地方做慈善。后来，那些热衷于慈善的人们都发现，当一个人付出的劳动没有得到金钱和物质的回报时，必定可以得到等值的精神愉悦。史塔勒公理告诉我们：奉献常常会得到意外的回报。虽然，我们奉献时不应该抱着这样一个心理，但是，这就是一个自然现象。

心理学启示

美国亚利桑那州立大学心理学家罗伯特·恰尔迪尼说："只要没坏处，我们就会给予。"通过自己的研究，罗伯特揭示了"给予者得快乐"这一说法。心理学家认为：始终如一的利他主义的最大快乐往往来自家人或朋友，而非个人获得的成就或金钱。通过史塔勒公理，我们可以知道：感恩，可以让我们的心理保持健康，甚至，让我们获得一种意外的感动。所以，我们应该学会付出，从而拥有一颗感恩的心。

第10堂课

学习运用暗示的心理课：使对方在不知不觉中接受你的影响

以情动人，是高明的心理暗示

在日常交际的沟通过程中，情感是最能打动人心的，正所谓"欲晓之以理，必先动之以情"。通常情况下，人与人之间的交往都存在着一定的心理距离，这是由于每个人在内心深处建立了防范机制，这是一种潜意识里的自卫心理。在交际过程中，消除对方防范心理的最有效的方法就是以情动人，我们可以通过一些富有情感的话语传递给对方一定的心理暗示，让对方感到你是朋友而不是敌人，用情瓦解对方筑起来的"心理防线"，从而有效地影响对方心理。所以，在日常交际中，我们应该以情动人，让对方为自己"心动"。

生活中的罗斯福十分善于"以情动人"。有一次，仆人的太太问他："鹌鹑长什么样子？"仆人的太太从没有见过鹌鹑，于是，罗斯福总统详细地描述了一番。过了很长一段时间，罗斯福亲自打电话给仆人的太太说："在你窗口外面恰巧有一只鹌鹑，你现在往外看，可能还看得到。"每一次，他经过仆人的小屋，就算是看不到人，也会轻声地叫出："呜，呜，呜，安妮！"或"咆，咆，詹姆斯！"这是他路过时一种友善的招呼。

心理学家指出："情感如同肥沃的土地，道理好比种子。没有情感的沃土，道理的种子再好，也发不了芽。"实际上，罗斯福之所以能成为美国最伟大的领导人之一，就在于他能够"动之以情"，无论是讲话还是做报告，尽量使用朴实的语言，亲切入耳，用情感打动了美国民众的心。其实，在美国历史上，还有一位擅长"以情动人"的总统，他就是亚伯拉罕·林肯。

1858年，林肯在竞选美国上议院议员的时候，在伊利诺伊州南部进行演说。在演讲中，林肯说："南伊利诺伊州的同乡们，肯塔基州的同乡们，听说在场的人群中有些人要和我作对，我实在不明白你们为什么要这样做，因为我也是一个和你们一样爽直的平民，那我为什么不能和你们一样有发表意见的权利呢？好朋友，我并不是来干涉你们的人，我也是你们中间的一人，我生于肯塔基州，长于伊利诺伊州，和你们一样是从艰苦的环境中挣扎出来的，我认识南伊利诺伊州和肯塔基州的人，也想认识密苏里的人，因为我是他们中的一个……"

林肯的此次演讲获得了巨大的成功。即使听众里有许多仇视自己、与自己作对的人，但林肯为语言注入了丰富的情感，不断地提到"我"与"你们"之间的关系，打动了听众，让那些曾经的敌对怒视都变成了喝彩。在需要说服他人的时候，更需要以情动人，否则，即使你说再多的道理，对方还是会不为所动。

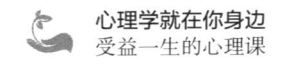

在繁华的巴黎大街旁边，一位衣衫褴褛、头发斑白、双目失明的老人正在乞讨，在他旁边竖着一块牌子，上面写着"我什么也看不见"。虽然，巴黎大街上来往的人很多，但是，他们看到这样的情景都无动于衷，在淡淡微笑之后就姗姗而去了。法国著名诗人让·彼浩勒看见了，拿起笔在牌子前面添上了几个字"春天到了，可是我什么也看不见"，换了牌子之后，给老人钱的人越来越多，老人脸上露出了笑容。为什么小小的几个字就产生如此大的作用呢？其实，这主要在于它有非常浓厚的感情色彩，春天的美丽景色对于双目失明的人来说只是一片漆黑，当人们想到这一点，怎么会不对他产生同情之心呢？足以见得，感情才是敲开人们心灵之门的金钥匙。

心理学启示

每个人都是有感情的，如果我们的言行能够做到"动之以情，晓之以理"，那就是最完美的沟通。在交际过程中，我们要注意观察他人的反应，学会从对方的反应中修正自己的言行，尽可能做到以情动人，这样才能真正地打动对方。假如我们总是想着自己，是无法打动对方的，所以，要想自己的言行能够打动对方，就需要注入真诚，虚情假意或者花言巧语反而令对方厌恶。处处为他人着想，站在对方的立场思考，这样的言行才具有情感，才能让对方为你心动。

利用比较心理，让对方获得心理满足

有一次，美国前总统罗斯福家中被盗，丢失了许多东西。一位朋友闻讯，忙写信安慰他，劝他不必太在意。罗斯福给朋友写了一封回信，信中写道："亲爱的朋友，谢谢你来安慰我，我现在很平静，感谢生活。因为，第一，贼偷去的是我的东西，而没有伤害到我的生命；第二，贼只偷去了我的部分东西，而不是全部；第三，最值得庆幸的是，做贼的是他，而不是我。"

当你置身于最糟糕的处境时，需要想一想是否有比自己更糟糕的人。罗斯福以自己的故事向我们证明：任何事情都还不是最糟糕的。这是人们的一种比较心理，假如一个人在伤心时听说了一件更悲惨的事情，那么，他的悲伤将会淡化，取而代之的将是比较满足的心态：看来我还不是最糟糕的那一位。比较心理是每个人都存在的一种心理，人们总是习惯于与他人比较，并从中寻求一种心理安慰。在日常交际中，当我们需要安慰对方或者鼓舞对方的时候，可以运用适当的比较，影响对方心理，暗示对方"你并不是最糟糕的"，从而让对方感到满足。

从前，有一个穷人，他有六个孩子，孩子们各自都结婚了。一大家人共同生活在一座小木屋里，局促的居住条件让穷人感到活不下去了，他便找智者求救说："我们全家这么多人，却只有一座小木屋，整天争吵不休，我的精神都快崩溃了，我的家简直就是地狱，再这样下去，我就要死了。"智者微笑着说："你按我的话去做，情况就会变得好一些了。"穷人听了，喜不自胜，智者接着说："我有让你解除困境的办法，你回家去，把你们家的一头奶牛、一只山羊和一群鸡带到屋里，与人一起生活。"听了智者的话，穷人大为震惊，但是，自己已经答应按照智者的话去做，只好这么做了。

可是，过了一天，穷人就满脸痛苦地找到智者说："智者，你给我出的什么主意啊？事情比以前更糟糕，现在我家成了十足的地狱，我真的活不下去了，你得帮帮我。"智者平静地说："好吧，你回去把那些鸡赶出房间就好了。"过了一天，穷人又来了，他仍然痛不欲生，他向智者哭诉说："那只山羊撕碎了我房间里的一切东西，它让我的生活如同噩梦一般。"智者温和地说："那你回去把山羊牵出屋就好了。"过了好几天，穷人又来了，他看上去还是很痛苦，他说："那头奶牛把屋子当成了牛棚，请你想想，人怎么可以与牲畜同住在一起呢？"智者说："完全正确，你赶快回家，把奶牛牵出屋去。"

过了半年，穷人找到了智者，他一路跑来，红光满面，难以抑制心中的兴奋，他拉住智者的手说："谢谢你，智者，你把甜蜜的生活给了我，现在所有的动物都出去了，屋子显得那么安静、那么干净，你不知道，我是多么开心啊！"

一个人生活的幸福与否，从来没有一个恒定的标准。智者将甜蜜的生活还给了穷人，其高明之处在于通过让穷人体会前后的比较，影响穷人心理，从而让穷人感到满足。最后，让穷人明白：自己的处境虽然很糟糕，但还不是最糟糕的时候，还没有到绝望的时候，自己需要做的就是调整心态，鼓起生活的信心。其实，智者并没有改变穷人的生活处境，不过是巧妙地利用比较心理，让穷人重新调整了心态，懂得了知足常乐。

20世纪60年代，美国通用电气公司有一位年轻的工程师，他接手了一项新塑料的研究工作。有一天，实验的研究设备突然爆炸了，三千多万美元的设备与厂房一下子化为乌有，年轻工程师沮丧地接受公司高层的调查，然而，他没有想到，高层问的第一个问题就是："我们从中得到了什么？"年轻工程师回答："我们的这个试验行不通。"高层笑着回答："这就好，实验室废掉了虽然可惜，但是，比起我们获得的经验，这样的损失是值得的。"听了高层的话，年轻工程师不再沮丧，他开始尝试另外一种方法，后来，在他所在的领域里获得了巨大的成就，他就是被誉为世界第一CEO的杰克·韦尔奇。

我们常说"塞翁失马，焉知非福"，这与比较心理有异曲同工之妙。当对方处于糟糕的处境或者遭遇了失败与挫折

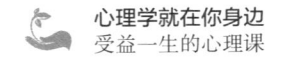

的时候，我们应该暗示对方以另外一种方式去思考，那么，他就会得出不一样的结论。当对方觉得目前的处境是最糟糕的，那么，我们可以说出更糟糕的处境，并与之形成对比，使对方在心理上形成比较，自然他就受到鼓舞，并满足于现在的生活。

心理学启示

在心理学上有一种"言语暗示"，心理学家认为：如果一个人被别人当作病人，在这一看法的"暗示"下，他真的有可能会生病。那么，同样的道理，当我们在安慰或鼓励他人的时候，如果能给予对方心灵补偿，就有可能促使对方向好的方向转化。有人对生病的朋友这样说道："你的危险期已经过去了，以后，你就多了一种免疫功能，比起我们，你增加了一重屏障，你应该为此而感到幸运。"通过言语，让病人意识到自己与健康人相比存在独特的优势，让对方获得心理上的满足感，不再为自己的病情而忧虑。

多提彼此共同点，拉近彼此关系

在日常交际中，沟通是最主要的交际方式。那么，如何通过沟通来影响他人心理呢？巴甫洛夫认为：暗示是人类最简化、最典型的条件反射。假如我们在沟通中向对方传递友好的信息，就会激起对方说话的欲望，而彼此之间的相似点则可以成为最好的话题。由相似点而引起的话题将使对方产生浓厚的兴趣，从而在对方心里产生积极的影响：原来我们是同样的人。这样一来，亲切感倍增，使沟通得以顺利进行下去。

柯达公司的创始人伊斯曼正准备定制一大批座椅。为了获得这价值9万美元的生意，"优美座位公司"的经理亚当森希望能够与伊斯曼交谈一次。但是，在这之前，许多找伊斯曼谈生意的商人都败兴而归，这令亚当森感到没什么把握。而且，秘书事先也发出了声明："我知道您急于想得到这批订货，但我现在可以告诉您，如果您占用了伊斯曼先生5分钟以上的时间，您就完了。他是一个很严厉的大忙人，所以您进去后要快快地讲。"亚当森微笑着点头称是。

亚当森走进办公室，看见伊斯曼正埋头工作，于是静静地站在那里，仔细地打量起这间办公室来。一会儿，伊斯曼抬起头来，问道："先生有何见教？"刚开始亚当森没有谈生意，而是说："伊斯曼先生，刚才我仔细观察了您这间办公室。我本人长期从事室内的木工装修，但从来没见过装修得这么精致的办公室。"伊斯曼回答说："哎呀！您提醒了我差不多已经忘记了的事情。这间办公室是我亲自设计的，当初刚建好的时候，我喜欢极了。但是后来一忙，一连几个星期我都没有机会仔细欣赏一下这个房间。"亚当森走到墙边，用手在木板上一擦，说："我想这是英国橡木，是不是？意大利的橡木质地不是这样的。""是的，"伊斯曼高兴地站起身来回答说，"那是从英国进口的橡木，是我的一位专门研究室内橡木的朋友专程去英国为我订的货。"伊斯曼心情极好，便带着亚当森仔细地参观起办公室来了，一边参观一边做详细的介绍。此时，亚当森微笑着聆听，他看到伊斯曼谈兴正浓，便好奇地询问起他的经历。伊斯曼便向他讲述起自己青少年时代生活……结果，亚当森和伊斯曼谈了一个小时又一个小时，一直谈到中午。

刚进入伊斯曼的办公室，亚当森并没有急于谈论生意的事情，而是仔细观察伊斯曼的办公室，希望从中能够获得一些信息。果然，从观察中知道伊斯曼本身比较热衷于木工装修，或许伊斯曼本人对于自己办公室的木工装修颇为得意。在获得这样一些信息之后，亚当森率先提问，从伊斯曼的回答中证实了自己的猜测。于是，在那个愉快的上午，两个热衷于木工装修的人畅谈了起来，亚当森利用"相似点"向对方传递了友好的信息，我们当然能猜想到最后的结果，亚当森获得了那笔价值9万美元的生意。

在沟通过程中，适当的提问会帮助我们找到共同的"相似点"。因为双方在交谈之前并没有太多的了解，我们所能获知的信息只不过是细枝末节，因此，提问可以帮助我们确认这些信息的真实性，判断对方是否与自己有同样的兴趣与爱好。当然，提问也是需要讲究技巧的，为了避免尴尬情境的发生，我们应该把问题尽量掌握在自己比较擅长的范围之内，所问的问题尽量详细，然后围绕"相似点"展开话题，暗示出自己与对方友好的关系。

心理学启示

大部分人对与自己有着相似特点的人都怀有一种好感，产生这种心理是必然的。如果我们想要获得某种帮助，或者希望与他人建立融洽的人际关系，这种心理暗示是必然的沟通手段。日常交际中，每个人对于他人总有一种戒备心理，彼此之间存在着一定的心理距离，这将会对双方的沟通产生一定的阻碍。这时，如果我们能知道对方的兴趣爱好是书法，那么我们就能够适时地附和"听说您是一位大书法家，跟您比起来，我只能算是个学生了"，如此一来就能有效缩短双方之间的心理距离，从而有效地影响他人心理。

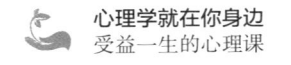

登门槛效应：先提出一个更容易的问题

心理学教授认为，在通常情况下，人们都不愿意接受较高较难的要求，主要是因为很费时费力却又难以成功。相反，人们乐意接受一些微不足道的要求，因为很容易就完成了，在实现了较小的要求之后，人们才慢慢地接受较高较难的要求。这就是**登门槛效应**对人们心理的影响。登门槛效应，也称得寸进尺效应，是指一个人一旦接受了他人的一个微不足道的要求，为了避免认知上的不协调，或想给他人前后一致的印象，就有可能接受更大的要求。这种现象就好像登门槛时需要一个台阶一个台阶地登，最后很容易就登到了高处。其实，每一个人都希望自己在他人面前保持形象一致，这是基于内心的心理需求，反之，他们不希望自己成为那种反复无常的人。由于这样的一种心理，我们巧妙地运用登门槛效应，稳步推进，最后与他人达成共识。

1966年，美国哈佛大学心理学教授弗里德曼与助手弗雷瑟做了这样一个现场实验：实验者让助手到两个居民区劝人们在房前竖一块写有"小心驾驶"的大标语牌。在第一个居民区向人们直接提出这个要求，结果遭到很多居民的拒绝，接受者仅是被要求者的17%。在第二个居民区，先请求各居民在一份赞成安全行驶的请愿书上签字，这是很容易做到的小小要求，几乎所有的被要求者都照办了。几周后再向他们提出竖牌的要求，结果接受者竟占被要求者的55%。

同样都是竖牌的要求，却产生了截然不同的结果，这是为什么呢？

哈佛心理学教授弗里德曼说："人们拒绝难以做到的或违反意愿的请求是很自然的，但是他一旦对某种小请求找不到拒绝的理由，就会增加同意这种要求的倾向。"当我们向对方提出一个较小的请求时，对方没有办法开口拒绝，否则，这就显得太不近人情了。于是，对方答应了这个请求，这就好像跨越了一道心理上的门槛，当我们又一次提出较高的请求时，由于这个要求与前面的一个请求存在着继承的关系，对方就很容易地接受了。

1984年，东京国际马拉松邀请赛中，日本选手山田本一夺得了世界冠军，有记者问他是如何取胜的，他只说了一句："我是用智慧战胜对手的。"当时，许多人都认为山田本一是故弄玄虚，因为智慧对马拉松来说并不会有什么帮助，大家觉得他的说法实在是有些勉强。

两年之后，意大利国际马拉松邀请赛在米兰举行，山田本一代表日本参加了此次比赛，并再次获得了世界冠军。比赛结束后，记者们又一次问到了如何获胜，山田本一依旧回答："用智慧战胜对手。"这次，记者们仍旧不明白他所谓的智慧是什么。直到十年之后，山田本一在自传中详细地回答了这个问题："每次比赛前，我都会先把比赛的路线仔细地看一遍，并且把沿途比较醒目的标志记下来，比如第一个标志是银行，第二个标志是一棵大树，第三个标志是一座红房子……就这样一直记到赛程的终点。等到真正比赛时，我会奋力地向第一个目标冲刺，等到达第一个目标后，再用同样的速度跑向第二个目标。这样一来，不管多远的赛程，只要分解成几个小目标，就可以轻松地跑完全程了。"

山田本一用极其简单的道理解释了"登门槛效应"，任何目标的实现都是一个循序渐进的过程，不可能一蹴而就，它需要人们一步一个脚印，一步步实现每一个小目标，这是获得成功的关键。当我们想要说服对方的时候，不要指望一步就能成功，而是一步一步，稳步推进，这样更容易与对方达成共识。对于一个推销员来说，当他可以令顾客打开门，跟顾客展开交谈，他就已经取得了一个小小的进步，在这样的情况下，说服顾客看一看自己的产品，这又将是一次进步，最后，他再向顾客提出"购买产品"的要求，这会令顾客比较容易接受。

心理学启示

当我们要向对方提出一个比较大的要求时，可以先不直接提出，因为这样很容易被对方拒绝。在这时，我们可以先提出一个较小的要求，一旦被答应，再提出那个较大的要求，这时候更大要求才会有被接受的可能。无论是求人办事还是说服对方，我们都应该降低要求的门槛，令登门槛效应发生效果，使对方欣然接受我们的请求，达成一定的共识。

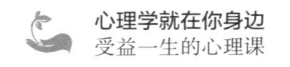

多提礼数,暗示彼此间的距离

美国心理学家莱欧·博格说:"保持良好关系的重要方法,乃是保持一个'既能感受到对方的体温又不挨扎'的最佳距离。"莱欧·博格认为,人与人之间的交往需要坚持"**豪猪法则**"。在日常生活中,我们总是说"距离产生美",不过,有人却说"亲密无间最美",那么,我们该如何处理与他人之间的距离问题呢?

德国哲学家叔本华曾讲述了这样一则寓言:"冬天来临的时候,山中的一群豪猪开始感觉到寒冷,于是,为了取暖,它们互相靠拢,挤在一起,可是因为挤得太近,各自身上的刺扎到对方,不得不离得更远。然而,离得太远,它们又开始感到寒冷,经过不断地试探,它们终于找到了一个不远不近的最佳距离。"人与人之间,是否也存在着这样的最佳距离呢?当我们需要与对方保持距离的时候,彬彬有礼的语言则成了最好的"隔离墙",它不断地向他人暗示"我们之间是有距离的"。

莱欧·博格做了这样一个实验:在一个刚刚开门的大阅览室里,当里面只有一位学生的时候,他就进去拿椅子坐在他或她的旁边。整个实验进行了一百多人次,结果证明,在一个只有两位学生的阅览室里，是没有一个人能够忍受一个陌生人紧挨着自己坐下的。当心理学家博格坐在他们身边后，那些学生并不知道这是在做实验，大多数人很快就会默默地站起来走到较远的地方坐下，有的人则干脆不礼貌地质问："你想干什么？"

实验结束后，莱欧·博格表示，任何一个人都需要在自己的周围有自我的空间，当自我空间被他人侵入之后，常常会引起消极情绪的产生，所以，为了表示对他人人格和权利的尊重，不要亲密无间，而是留给他人一定的距离。

莱欧·博格借用了叔本华的这个寓言，提出了一个"豪猪法则"，事实上，人与人之间，所有的距离都源于心理距离，物理距离只不过是心理距离的外在表现而已。但是，在现实生活中，人们常常会忽略这个最佳距离，有的人总是想方设法以这样或那样的手段来拉近距离，肆无忌惮地将空间距离视为自己的掌控物。然而，过度的热情会给我们心理造成很大的压力，当自己无法喘息的时候，就会导致心灵窒息，使得彼此之间的交往变得疲惫不堪。而中国自古就是礼仪之邦，体面话、客气话一下子就会拉开彼此的距离，因此，当我们遇到太过热情的"朋友"，不妨以彬彬有礼相待，暗示与对方存在着一定的距离，使对方主动退却。

吉姆是一位十分帅气的男孩，他在一家美发店工作。由于长相出众，许多女孩子都慕名而来，成了他最忠实的顾客。可是，吉姆却吃了不少苦头，他是有女朋友的，但许多女顾客却屡屡"求爱"，甚至在深夜还会收到很多内容暧昧的短信，女朋友为了这件事已经与他冷战了很长一段时间。为了与那些女顾客保持距离，吉姆开始频繁地使用客气话："好的，非常感谢您的惠顾，您慢走！"就连经常上门的老顾客也不会少讲一句客气话，这样的称呼让许多女顾客感觉不到亲切，甚至觉得吉姆的态度有些冷淡。于是，在每次做完头发之后，那些之前"示爱"的女顾客都很有礼貌地告别。过了一段时间，吉姆再也没有收到过内容暧昧的短信，他和女朋友也和好如初了。

在交际中以彬彬有礼的姿态，可以为自己"赶走"一些不想交往的人。因为彬彬有礼的姿态会让对方感到生疏，从而感受到一种心理压力，最后，对方会选择主动离开。如果你实在不想与对方继续交谈下去，那就以彬彬有礼相待，通过言行暗示对方"我不愿意与你继续谈下去"。

在某些时候，我们可以通过彬彬有礼来拒绝与别人的交往，故意拉开彼此的距离，影响对方心理，令对方主动退却。假如有朋友到家中做客，虽然自己与这位朋友关系一般，但这位朋友的过分热情着实让自己受不了，那么，不妨大方展现自己的彬彬有礼，不断地使用礼貌用语——"你好，请问你想喝点什么""没关系，你自己忙自己的""你真客气"，仿佛唯恐对方不高兴，这样一来，朋友定会觉得如芒刺在背，坐立不安，甚至想逃离这个地方。其实，这就是彬彬有礼的效果。

心理学启示

　　彬彬有礼的言行实际上会给他人一种心理暗示：我与你是有一定的距离的，请不要靠近我，或者我不愿意与你继续交谈下去。我们都有这样的经历，只有在面对陌生人的时候才会表现出彬彬有礼的姿态，而对于那些熟悉的朋友，我们会显得比较随意。沟通的目的在于增加彼此之间的兴趣，当我们想要减少这种热忱度，就需要在彼此之间建立一堵"墙"，拉开一段距离，而彬彬有礼恰好可以起到这样的效果。当对方明白你只是在简单敷衍的时候，他就会选择主动离开。

第11堂课

学习幸福心理课：理解并学习如何掌控幸福

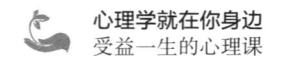

用心感悟，享受幸福的滋味

有的人感到很不解，为什么自己总是体会不到幸福的滋味呢？那么，我们在为这个问题纠结的同时，你是否真的已经理解了幸福？因为，只有你理解了幸福的真谛，才能够体会到幸福的滋味。幸福并不是获得更多的金钱与财富，而是得到最适合自己的东西。当我们在选择幸福之前，我们应该清楚自己内心真正需要的是什么，能带给自己快乐的东西才能让你获得真正的幸福。本·沙哈尔说："幸福不仅是对某种需要的满足，而且是对某种需要的理解。"

在许多人眼里，哈佛大学堪称世界级学府，而身为哈佛的学生，可以在毕业后获得理想的工作，无论是事业还是财富，他们都能够平步青云、一帆风顺。但是，据心理学家的调查，哈佛大学的大多数学生都会担忧自己面对社会时的境遇，即使他们的学业成绩十分优秀，但这种担忧仍时刻存在着，他们对于未来的事业发展依然会很迷茫。对此，本·沙哈尔教授告诉学生怎么看待自己未来的工作与金钱、幸福的关系。他说："仔细考虑以下3个关键的问题，先来问问自己：一，什么带给你人生的意义？二，什么带给你快乐？三，你的优势是什么？并且要注意顺序，然后看一下答案，找出其中的交集点，最后那个工作就是最能使你感到幸福的工作了。"有的人之所以感觉不到幸福，主要是因为他们首先看重的是物质与财富，之后才选择了快乐和意义，他们并没有理解幸福的真谛，也不清楚自己内心最需要的东西是什么。

有一天，天使遇见了一位诗人，这位诗人年轻、英俊，有才华而且很富有，他拥有美丽而温柔的妻子，但是，他却过得不快活。天使问他："你不快乐吗？我能帮你吗？"诗人对天使说："我什么都有，只是缺少一样东西，你能够给我吗？"天使回答说："可以，你要什么我都可以给你。"诗人抬头望向天空，说道："我要的是幸福。"天使想了想，说："我明白了。"然后，就把诗人拥有的东西全部拿走了。于是，诗人失去了他的才华、容貌、财产，甚至他的妻子。

一个月后，天使回到了诗人身边，看见诗人饿得奄奄一息，正衣衫褴褛地躺在地上挣扎，天使把诗人的一切东西又还给了他，然后就离去了。半个月后，天使再去看那位诗人，这次，诗人与妻子如胶似漆，向天使道谢，因为他得到了幸福。

在自己最需要时得到了满足，这就是幸福的滋味。于是乎，幸福不仅仅是对某种需要的满足，还是对某种需要的理解。人是一种欲望和需求不断膨胀的动物，但正是由于不断增长的欲望，才使得他不断地成长。在我们的需要获得满足的过程中，也会获得幸福的滋味。理解了内心的某种需要，而且这种发自内心的需要获得了满足，随之而来的幸福感是无法用语言来表达的。

心理学启示

本·沙哈尔认为："金钱和幸福，都是生存的必需品，并非互相排斥。"在日常生活中，金钱的问题总是困扰着我们，影响着生活的心情和质量。于是，越来越多的人将自己的喜怒哀乐归因于金钱的多少，其所获得的幸福感也会受到影响。

幸福感就是心理欲望得到满足的状态，一种持续时间较长的、对生活感到满足、感到生活里隐藏着许多乐趣而自然而然地希望持续久远的愉快心情。所以，有人说幸福就是一种感受，是一种获得某种东西的过程，是一种心理需求得到满足之后的一种感受。但是，真正的幸福却是对内心需求的一种理解。因为，只有理解了需求才能更好地理解幸福，最终我们就能体会到幸福的滋味。

感受幸福，是现代人都应养成的习惯

你每天幸福吗？面对这样一个既简单而又复杂的问题，我们常常不知道该如何回答。为此，史铁生曾这样写道："生病的经验是一步步懂得满足，发烧了，才知道不发烧的日子多么清爽；咳嗽了，才体会不咳嗽的嗓子多么安详。刚坐上轮椅时，我老想，不能直立行走岂不把人的特点搞丢了？便觉得天昏地暗。等又生出褥疮，一连数日只能歪七扭八地躺着，才看见端坐的日子其实多么晴朗。后来又患尿毒症，经常昏昏然不能思想，就更加怀恋起往日时光。终于醒悟：其实每时每刻我们都是幸运的，任何灾难面前都可能再加上一个'更'字。"

史铁生从心底深处说出了这样的话，或许，我们会理解为他一定是吃尽了"疾病"的苦头，所以，才把幸福底线定得这么低。事实上，幸福底线本就如此低，为什么我们没有养成每天"幸福"的习惯？那是因为我们总是认为生活给予得不够多，不自觉地提高了幸福的底线，但是，当我们意识到什么是真正的幸福的时候，生命留给我们享受幸福的时间已经少得不能再少了。本·沙哈尔认为："只要追随自己的天赋和内心，你就会发现，生命的轨迹原已存在，正期待你的光临，你所经历的，正是你应拥有的生活，当你能够感觉到自己正行走在命运的轨道上，你会发现，周围的人开始源源不断地带给你新的机会。在追求有意义而又快乐的目标时，我们不再是消磨时光，而是在让时间闪闪发光。"所以，我们应该让幸福成为自己的习惯，降低幸福的底线，你就会发现，幸福几乎触手可及。

在培训班里，有一位60多岁的教授，他谈吐幽默风趣，专业知识精深。但是，给学生印象最深的却是他每一次进教室都是精神饱满、面带笑容，而且，每次都会带上一束花放在教室的花瓶里，虽然，每一次带来的花都不一样，但都一样鲜艳美丽。学生不禁产生这样的疑问：教授为什么总是感到如此幸福，难道生活就没有什么不顺心的事情吗？

课程结束之后，一位学生向教授表达了自己的感激之情，同时，提出了心中一直存在的疑问。头发花白的教授笑了笑，说："其实，我只是把幸福的感觉当成了一种习惯，前些天，老伴在一次车祸中走了，孩子又在外地工作，我一个人在家里很孤单，本来我已经退休了，但我还想继续执教，教师这份职业让我感到快乐。工作之余，我最喜欢养花，我家的院子里一年四季都有花香，我把这些花送给了朋友、邻居以及喜欢这些花的陌生人。我每次带来的花都是自己种的，能给别人带来快乐，我自己也感到很幸福。"闻着那些花香，学生感到幸福正抚摸着自己的脸颊。

亚伯拉罕·林肯曾经说过："人们如果下定决心要拥有幸福，他就会等到幸福。"其实，幸福只是一种感觉，每个人都有拥有幸福的权利。在日常生活中，我们常常会感到悲伤、烦闷，总是认为幸福是一种奢侈品，难以把握。那么，就让幸福成为自己的一种习惯吧！生活中的习惯就是一种积累，我们有养成幸福习惯的力量，因为我们完全可以自己选择幸福。习惯于幸福的人会每天对自己说："今天的天气真好，一切都会顺利的。"而不幸的人会说："今天的一切又不会顺利。"有时候，幸福对于我们来说只是一种选择，除了你自己谁也不能决定你的幸福。

心理学启示

让幸福成为自己的一种习惯，我们不需要太多的寻寻觅觅，不需要太多的权衡，只需要放下那些太过于高远的想法，你就会发现，生活中的快乐越来越多，幸福越来越多，感觉每一天都是富足而充实的。

有的人习惯于忙碌奔波，深陷名利而不能自拔，猛然回首，才发现真正的幸福恰恰就在出发的原点，而当年的他们却坚信幸福会在更远的地方。如果你已经埋头工作了许久，那么，请站起来，推开窗，深深地呼吸，放眼远望，微笑抑或呼喊，慢慢品尝这一刻，享受它，学会在最琐碎的事情里品尝幸福的滋味！

懂得享受生活，才能感受幸福

很多人认为，获得幸福最简单的模式就是拼命挣钱，当积蓄能够满足自己的挥霍后，享受的人生就此拉开序幕。在这之前，不停地拼搏和奋斗，才是有志向、有抱负的表现。

事实果真如此吗？本·沙哈尔否定了这个观点。他经常在课上讲述的"蒂姆的故事"是反驳这个观点的一个强有力的论据。从这个故事中，很多人能够发现自己的影子。

蒂姆从小就过着无忧无虑的生活，但让他没想到的是，上了小学之后，他的人生开始走上了忙碌奔波的旅程。父母和老师总告诫他，上学就是取得好成绩，这样长大后才能找到好工作。没人告诉他，学校，也可以是个获得快乐的地方；学习，也可以是件令人开心的事。因为害怕考试考不好，担心作文写错字，蒂姆背负着焦虑和压力。他天天盼望的就是下课和放学。他的精神寄托就是每年的假期。

大人的价值观在蒂姆的思想里潜移默化地根深蒂固。他虽然不喜欢学校，但还必须天天上学，努力学习。成绩好时，父母和老师都夸他，同学们也羡慕他。到高中时，蒂姆已对此深信不疑：牺牲现在，是为了换取未来的幸福；没有痛苦，就不会有收获。当压力大到无法承受时，他安慰自己：等上了大学，一切就会变好。

终于，经过长时间的煎熬，蒂姆收到了大学的录取通知书，他激动得落泪了。他长长舒了一口气：现在，可以开心地生活了。但没过几天，那熟悉的焦虑又卷土重来。他担心在和大学同学的竞争中，自己不能取胜。如果不能打败他们，自己将来就找不到好工作。

在大学期间，蒂姆依旧奔忙着，极力为自己的履历表增光添彩。他成立学生社团、做义工，参加多种运动项目，小心翼翼地选修课程，但这一切完全不是出于兴趣，而是这些科目，可以保证他获得好成绩。

大四那年，蒂姆被一家著名的公司录用了。他又一次兴奋地告诉自己，这次终于可以享受生活了。

参加工作不久，他就感觉到，每周需要工作84小时的高薪工作充满压力。他又说服自己：没关系，只有这样干，今后的职位才会更稳固，才能更快地升职。当然，他也有开心的时刻，是在加薪、拿到奖金或升职的时候。但这些满足感，很快就消退了。

在漫长的职业生涯中，蒂姆疯狂地工作，经过多年的努力，他成了公司合伙人。这是他一直渴望实现的一个目标。可是，当这一天真的到来时，他却没有感觉多快乐。蒂姆拥有了豪宅、名牌跑车，他的存款一辈子都用不完。

终于，蒂姆成功了，朋友拿他当偶像，来教育自己的小孩。可是蒂姆呢，由于无法在盲目的追求中找到幸福，他干脆把注意力集中在了眼下，用酒精来麻醉自己。他尽可能地延长假期，在阳光下的海滩上一待就是几小时，享受着毫无目的的人生，再也不去担心明天的事。起初，他快活极了，但很快，他又感到了厌倦。

我们中的很多人，也许经过多年的打拼和艰苦的奋斗，也不能取得蒂姆那样的成就。难道一生就是如此忙碌地拼搏吗？享受真正的人生之旅比直到那旅程结束时还没有感受到快乐重要得多。

人是一种有着美好憧憬的动物，年轻的时候，我们总是想等到老了以后，得到许多物质的满足，再去好好享受，去环球旅行；当我们有了孩子的时候，总是惦记着让子女好好享受。以至于自己到底需不需要享受，自己什么时候享受，却从不去认真考虑。事实上，很多人不会享受。

享受生活归根结底是一种心境。享受的关键在于寻找快乐的人生，而快乐并不在于你拥有多少、获得多少、生活质量如何，而在于你怎样看待周围的人和事情，怎样让自己有一颗接纳快乐事物的心。

心理学启示

本·沙哈尔在课堂上告诉同学们，生活的意义在于感受幸福，在于享受此刻的生活。幸福和爱向来都是孪生兄弟，哪里有爱，哪里就会有幸福的花朵盛开。

什么是哈佛教授的"幸福型汉堡"

在寻找幸福的过程中,本·沙哈尔的幸福观逐渐清晰起来:"幸福,应该是快乐与意义的结合。"本·沙哈尔说:"一个幸福的人,必须有一个明确的、可以带来快乐和意义的目标,然后努力地去追求。真正快乐的人,会在自己觉得有意义的生活方式里,享受它的点点滴滴。"他的这一看法源于从汉堡里总结出来的人生的四种模式。汉堡,相信大多数人都吃过吧,它是一种受欢迎的方便主食。然而,谁也没有料到,有人能从汉堡里悟出哲理来,不过,这的确是本·沙哈尔教授的亲身经历。

本·沙哈尔16岁那年,为了准备壁球赛事,除了每天苦练之外,还被要求严格控制饮食。就在开赛前一个月,他只能吃最瘦的肉类、全麦的碳水化合物以及新鲜蔬菜和水果。这样的饮食对于正处在青春期的沙哈尔来说根本就是一种折磨,他暗暗发誓:一旦比赛结束之后,一定要吃两天所谓的"垃圾食品"。于是,比赛一结束,沙哈尔就直奔自己最喜爱的汉堡店,一口气买下了四个汉堡。当他迫不及待地撕开包装纸,把汉堡放到嘴边的那一瞬间,却突然停住了手。他明白,自己在过去一段时间里，正是因为健康的饮食才使自己体能充沛。如果现在自己享受了眼前的汉堡，以后可能会后悔，而且会影响到自己的健康。

看着眼前的汉堡，他发现，它们每一种都有自己独特的风味，他认为这可以代表四种不同的人生模式：第一种汉堡，就是他最先拿起的那个，口味诱人，却是标准的"垃圾食品"，享受了眼前的快乐，同时却埋下了未来的痛苦，这可以比喻及时享乐，不管未来幸福的人生，即享乐主义型；第二种汉堡，里面包裹了蔬菜和有机食物，但口味很差，比喻牺牲了眼前的幸福，追求未来的目标，即忙碌奔波型；第三种汉堡，既不美味，又会影响到以后的健康，比喻对生活丧失了希望和追求，既不享受眼前的事物，也不对未来抱希望，即虚无主义型；第四种是"幸福型"汉堡，既享受当下所做的事情，又可以获得更美好的未来。

在本·沙哈尔看来，那四个小小的汉堡，却展现了四种截然不同的人生态度。在"幸福课"上，当本·沙哈尔教授让自己的学生选择做哪种类型的人时，几乎所有的人都选择了幸福型。在漫漫人生中，一时的选择很容易，但是，却很有可能为我们未来的生活带来种种影响。往往在选择之后，我们却偏离了最初的幸福。

然而，做一个"幸福型"的人并没有想象中那么容易，就好像我们总是在追寻幸福，却忽略了幸福就在我们身边。在现实生活中，我们很容易受到他人的影响，在追逐所谓"幸福"

的过程中，我们最初的思维以及固有的习惯受到了很大的干扰。身边人的生活与事业成了我们定义幸福的标准，事实上，我们并没有享受当下的生活，自然难以获得美好的未来，最终感觉不到生活的幸福。

从前，有一个渔夫，他每天上午会在海边和朋友聊天、打鱼，中午回家吃饭，睡个午觉，下午晒晒太阳，去咖啡店喝一杯咖啡。傍晚，孩子放学回家，全家享受天伦之乐，他很满足现在的生活。

有一天，一位富有的商人来到了海边，看到他打鱼很起劲儿，就跟他聊了起来。富商说："你以后不仅要早上打鱼，下午也要打鱼。"渔夫感到不解："为什么？""因为这样你可以多赚钱。"富商解释。"然后呢？"渔夫问道，"赚够了钱，你就可以买条船，雇佣一些人来帮你干活。"富商提出了自己的计划。"然后呢？"渔夫又问，"然后你就可以有很多渔货，卖到各地去，赚更多的钱。然后你就可以买船队，到真正的海洋上去打鱼，再赚更多的钱。"富商回答道。渔夫摸了摸自己的脑袋，问道："然后呢？"那个富商说："然后你就可以退休，在家里每天过得轻松愉快，高兴打鱼的时候就打鱼，下午你就可以喝喝咖啡，和老婆孩子快乐生活啦！"听了富商的话，渔夫笑着说："那样的生活和现在的生活有什么不同呢？这就是我现在的生活啊！"

故事里，富商属于"忙碌奔波型"，而渔夫则是享受当下。其实，无论你属于哪种汉堡，唯一不能够改变的是那份快乐的心情。有的人为了成功，不惜忙碌奔波，但是，成功并不是以牺牲快乐为代价，有的人每天辛辛苦苦，但他心中依然充满了快乐，他的生活是充实的，也是幸福的。所以，追求幸福，我们要善于选择好自己的人生模式，更为关键的是，做好自己能做的一切，把握今天，着眼于未来。

心理学启示

学会享受当下，同时，也要着眼于未来。也许，我们的生活中会有许多烦恼，但是，很多事情并没有我们想象得那么糟糕，只要做好自己能做的事情，幸福感就会随之而来。即使遇到了重大的挫折，我们依然可以轻松地生活，至少有90%的事还不错，只有10%不太好。如果我们想拥有快乐与幸福，那就要看到事情好的一方面，你会发现，幸福的因素存在于今天，而那小小的忧虑与悲伤，只是来源于自己的担心与假想。享受当下，才能以更好的心态来面对未来，这样一来，幸福的感觉才不会被透支。

关于获得幸福的10条小贴士

人生是美好的，人生最大的乐趣在于享受人生的幸福。每个人都渴望得到幸福，他们各自对幸福的定义也有所不同，因此，获得幸福的途径自然也会千差万别。为了让学生能够更好地记住"幸福课"的要点，哈佛积极心理学教授本·沙哈尔将幸福的要义简化为10条小贴士：

（1）遵从你内心的热情。

选择对你有意义并且能让你快乐的课，不要只是为了轻松地拿一个A而选课，或选你朋友上的课，或是别人认为你应该上的课。

（2）多和朋友们在一起。

不要被日常工作缠身，亲密的人际关系，是你幸福感的信号，最有可能为你带来幸福。

（3）学会接受失败。

成功没有捷径，历史上有成就的人，总是敢于行动，也会经常失败。不要让对失败的恐惧，绊住你尝试新事物的脚步。

（4）接受自己全然为人。

失望、烦乱、悲伤是人性的一部分。接纳这些，并将它们

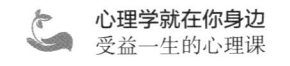

当成自然之事，允许自己偶尔的失落和伤感。然后问问自己，能做些什么来让自己感觉好过一点。

（5）简化生活。

更多并不总代表更好，好事多了，也不一定有利。你选了太多的课吗？参加了太多的活动吗？应求精而不在多。

（6）有规律地锻炼。

体育运动是你生活中最重要的事情之一。每周只要3次，每次只要30分钟，就能大大改善你的身心健康。

（7）睡眠。

虽然有时"熬通宵"是不可避免的，但每天7到9小时的睡眠是一笔非常棒的投资。这样，在醒着的时候，你会更有效率、更有创造力，也会更开心。

（8）慷慨。

现在，你可能没有太多钱，你也没有太多时间。但这并不意味着你无法助人。"给予"和"接受"是一件事的两个面。当我们帮助别人时，我们也在帮助自己；当我们帮助自己时，也是在间接地帮助他人。

（9）勇敢。

勇气并不是不恐惧，而是心怀恐惧，依然向前。

（10）表达感激。

生活中，不要把你的家人、朋友、健康、教育等这一切当成理所当然的。它们都是你回味无穷的礼物，记录他人的点滴恩惠，始终保持感恩之心，每天或至少每周一次，请你把它们记下来。

幸福的含义其实很简单，对于一个人来说，选择一本适合自己的书，选择一份属于自己的爱，选择一个喜爱的工作。就这么简单，简简单单也是一种幸福。幸福是一种心态，假如你拥有乐观、感恩的心态以及正面思维，那么你就很容易获得幸福；幸福是一种能力，对幸福的感受，完全出于对幸福的感知。一个人要想得到真正的幸福，就必须修炼自我，让自己拥有一种幸福他人的能力。

杰里是饭店的经理，他每天的心情总是很好，每当有人问他近况如何时，他总是回答："我快乐无比。"如果某位同事心情不好了，他就会告诉对方："每天早上，我醒来就对自己说，杰里，今天有两种选择，你可以选择心情愉快，也可以选择心情不好，我选择心情愉快；每次有坏事发生，我可以选择成为一个受害者，也可以选择从中学些东西，我选择后者。人生就是选择，你要学会选择如何去面对各种处境，归根结底，由你自己选择如何面对人生。"

有一天，杰里被3个持枪歹徒拦住，歹徒朝他开了枪。当他躺在地上时，杰里对自己说："有两个选择：一是死，二是活。"他选择了活，医护人员告诉杰里："你会好起来的。"但是，他被推进急诊室后，杰里却从医生眼里读到了"他是个死人"的信息，杰里知道自己需要采取一些行动。有个护士大声问杰里："你有没有对什么东西过敏？"杰里马上回答："有的。"这时，所有的医生、护士都停下来等他说下去，杰里深深吸了一口气，然后用力说道："子弹。"急诊室里顿时响起了一阵笑声，杰里接着说道："请你把我当活人来医，而不是死人。"经过18小时的抢救和几个星期的精心治疗，杰里出院了，只是仍有小部分弹片留在体内。6个月以后，一个朋友见到了他，问他近况如何，他说："我快乐无比，想不想看看我的伤疤？"

当你把自己当作一个弱者、失败者，那么你将感受到痛苦，时间长了，你就真的会成为一个弱者；如果你将自己当作一个强者，你将因此获得生活的勇气，你可以快乐，只要你希望自己幸福，你就将获得幸福。幸福是动态的，它没有一定的标准，别人的幸福不一定是你想要的，而你的幸福对别人也未必适用。

心理学启示

在日常生活中，幸福将伴随你走过人生的旅途，它如同人生的一位匆匆过客，在平淡无奇的生活中一闪而过，快得使人来不及细细品味。所以，幸福在于把握现在，时刻感悟幸福，及时感受幸福。有人说，自己是不幸的，总是被烦恼包围。其实，人生的幸福与烦恼都是等量的，关键在于你如何去感受。这就好似在沙漠里发现了半瓶水，如果你说"太好了，还有半瓶水"，你感受到的将是幸福；如果你说

"真糟糕,只剩下半瓶水了",你感受到的将是烦恼。上天给予每个人同样多的幸福,就看你感受到了多少,假如你能从内心去感受,那么你将会被幸福包围。

第12堂课

学习社交心理课：
这些心理学知识帮你
轻松驾驭人际之舟

舍得定理：有舍必有得，舍得是一种心理智慧

舍得，既是一种做人做事的艺术，也是一种处世的哲学。舍与得之间，既对立又统一，它们是相辅相成的一对。在这个世界上，因为万事万物均有舍得，所以世界才达到了和谐统一。若把握了舍与得的机理与尺度，就等于把握了人生的钥匙和成功的机遇，这就是**舍得定律**，当我们舍得给他人甜头的时候，我们自己也能感受到生活的甜蜜。对于交际中的一些冲突或矛盾，如果我们能敞开心扉，舍得把利益让给他人，那么，定会赢得他人的钦佩之情，而自己也会从中感受到那份甜蜜。

一个小男孩从小生活在一个贫穷的家庭里，为了维持生活，他不得不上街乞讨。在大街上，有人给小男孩1美元和10美元，让他选择拿哪一个，小男孩不语，默默地接过1美元，人们都觉得小男孩心地善良，不好意思多拿更多的钱，后来，又有人故意拿1美元和10美元，让小男孩选择，但是，小男孩还是做出了一样的选择，只拿1美元，不拿10美元。

渐渐地，这个只要1美元而不要10美元的"傻男孩"的名声传了出去，于是，人们纷纷拿出1美元和10美元来让小男孩选择，但是，小男孩始终只拿1美元，不拿10美元。越来越多

的人拿着1美元和10美元放在小男孩面前，大多数人的目的在于取笑这个只选择1美元的小傻瓜。后来，有个人一连10次拿着1美元和10美元让小男孩选择，每一次小男孩都选择1美元，这个人好奇地问小男孩："你为什么分10次拿我的1美元，而不一次拿我的10美元呢？"小男孩只是静默不语，不做任何回答，如果还有人拿着1美元和10美元让他选择，他依然会毫不犹豫地选择1美元。

或许，从表面上看，人们都会认为这个小男孩很傻，其实，这才是一种明智的选择。聪明的小男孩舍得了暂时的甜头，而获得了源源不断的1美元。

乔治·艾略特说："如果我们想要得到更多的玫瑰花，就必须种植更多的玫瑰树。"生活的本质在于你如何看待它、如何对待它。智者永远不会对他人期望太多，因为他懂得：自己如何对别人，别人就会如何对待你，如果想与他人维持良好而长久的人际关系，就应该学会舍得，敞开自己的胸怀，走进别人的心灵，把甜头给别人，我们也同样会获得一种甜蜜。哲人这样阐释"舍得"：人就是一个有趣的平衡系统，当自己的付出超过所得到的回报时，内心就会取得某种心理优势；相反，当所得到的回报超过了自己付出的劳动，就会陷入某种心理劣势。

心理学启示

对于每个人来说，在这个世界上，既没有无缘无故的获得,也没有无缘无故的失去。大多数人习惯占物质上的便宜来换取精神上的超额快乐,这时候,看似占了很大的便宜,实际上却在不知不觉中透支了精神的快乐。俗话说:"赠人玫瑰,手有余香。"把甜头给别人,自己也会感受到其中的快乐。

微笑效应：用微笑打开社交局面

一个微笑，就是一个和善的信号，可以缩短心灵之间的距离，消除误解、疑虑和不安，使他人有一种被尊重的感觉，满足他人最大的心理需求。一个售货员的心情很好，于是，她给了顾客一个亲切的微笑，顾客的心情也变好了，回到家，给儿子一个微笑，儿子的心情也变好了，回到学校给所有的同学一个微笑，微笑就这样一直传递下去。这就是心理学中著名的**微笑效应**。心理学家通过研究得出了这样一个结论：如果你决定提高自己的社交技巧，决定结婚或者至少跟一个人住在一起，决定追求有意义的目标并且在过程中、在小事上享受快乐，那么，你的幸福感就能提升10%～15%；如果你能不吝惜自己的微笑，亲和地对待他人，那么，你的幸福感就能提升20%～25%。微笑，能够撩动人心，让人亲近。

有一天，忧虑者向智者请教："尊敬的人间智慧者，告诉我吧，如何才能让我跳出忧郁的深渊，享受欢乐呢？"智者微笑着说："那你就学会微笑吧，向你每天所见的一切。"忧虑者感到很奇怪："可是，我为什么要微笑呢？我没有任何微笑的理由呀。"智者回答道："当你第一次向人微笑时，不需要任何理由。"忧虑者问道："那么，第二次微笑呢？以后我都不需要任何理由就微笑吗？"智者笑着说："以后，微笑会按它自己的理由来找你。"于是，忧虑者走了，他按照智者的指引，去寻找微笑。

半年过后，一个满脸微笑的人来到智者面前，他告诉智者："我就是半年前的那个忧虑者。"现在，这个过去的忧虑者满脸阳光，嘴角总是挂着真诚的微笑。智者问道："现在，你有微笑的理由了吗？"曾经的忧虑者说道："太多了，当我第一次试着把微笑送给那位我曾见过无数次面的送报者的时候，他居然还我同样真诚的微笑，我发现天是那么蓝，树是那么绿。"说完，他又开始讲述自己的经历："当我第二次把微笑送给那位不小心把菜汤洒在我身上的侍者的时候，我感觉到了他发自内心的感激，感受到了那份温情，而这份温情驱散了积聚在我内心的阴云。后来，我不再吝惜我的微笑，我把微笑送给了那些孤独的老人，送给天真的孩子，甚至，把这份美好送给那些曾经辱骂过我的人，我发现，我收获了多于我所付出的几倍的东西，这里面有赞美、感激、信任、尊重，还包含着一些人的自责和歉意，而这些都是人间最美好的感情，这让我变得更加自信，更加愉快，我更愿意付出微笑。"智者微笑着说："你终于找到了微笑的理由，假如你是一粒微笑的种子，那么，他人就是土地。"

一切的和谐与平衡、健康与健美、成功与幸福，都是由乐观与希望的向上心理产生与造成的。其实，对于我们来说，在这个世界上，每一个发自内心的微笑，往往都具有神奇的力量。

> **心理学启示**
>
> 威尔科克斯说："当生活像一首歌那样轻快流畅时，笑颜常开乃易事，而在一切事物都不妙时，仍能微笑的人，才活得有价值。"微笑是种子，谁播种微笑，谁就能收获美丽。

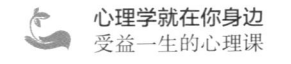

幽默心理：社交场合的黏合剂

幽默是人际交往中的黏合剂，在心理学中，幽默效应是一种防御机制。在日常交际中，不可避免地会出现困难或尴尬的场景，这时候，幽默就成了最好的和谐剂，运用一些诙谐的手法，达到自我解脱，摆脱尴尬的境地，营造出和谐美好的气氛，从而与他人建立友好的关系。幽默在我们的日常生活中几乎无处不在，尤其是在交际场上，更是不可缺少的调剂品。幽默，能使人心情开朗，愉悦乐观，不仅给别人送去欢笑，而且能使整个人际关系变得更和谐；幽默是精神的缓冲剂，可以淡化矛盾，消除彼此之间的误会，使遭遇困境的一方摆脱困境，有效地化干戈为玉帛。

林肯是一个擅长幽默的交际高手。

有一次，林肯正面对着观众滔滔不绝地进行演讲，突然，人群中不知名的先生递给他一张纸条。林肯接过了纸条，不假思索地打开纸条，没想到，纸条上竟然写着这样的两个字："傻瓜"。当时，在林肯旁边的人已经看到了这两个字，他们都盯着林肯，看他如何处理这样的公然挑衅。在许多人的目光注视下，林肯略一沉思，微微一笑说："本人已经收到许多匿名信，全部都只有正文，不见署名，而今天却正好相反，这一张纸条上只有署名，却缺少正文！"话音刚落，整个会场上便响起了阵阵掌声，大家都为林肯的机智和幽默而鼓掌，那位"只署上名字"的先生低下了头，混入了人群中，整个会场的气氛由紧张变为轻松，演讲继续进行。

对于疲惫的人们来说，幽默就是休息；对于烦恼的人们来说，幽默就是解药；对于悲伤的人们来说，幽默就是安慰；对所有的人来说，幽默就是一种力量，一种在社交场合化险为夷的力量。在日常交际中，幽默是智慧与知识的综合体，无论自己处于四面楚歌的绝境，还是处于受人非难的尴尬场面，幽默都可以帮助你摆脱"危险"，脱离"尴尬境地"。

心理学启示

在日常交际中，我们经常会无可避免地遇到一些不太愉快的局面，比如，自己在生活中陷入沮丧悲观、烦恼惆怅的不良情绪中不能自拔，或者受别人戏弄，想给没有礼貌的对手一个不失风度的回击，在这样的情况下，幽默都是你最好的选择。在社交场上是离不开幽默的，它能使严肃紧张的气氛变得轻松，能让人感觉到你的温和与善意。

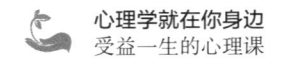

赞美法则：谁都有渴望被认同和欣赏的心理需求

马克·吐温曾说："听到一句得体的赞美，能使我陶醉两个月。"虽然，马克·吐温夸大了赞美的效用，但是，在现实生活中，每个人都渴望得到他人的赞美，因为每个人内心都希望自己付出的努力可以被别人看见，自己取得的成绩获得别人的肯定。那些习惯于赞美他人的人，他们总能够成为社交场上的主角，因为，大家都乐于听他说话。在日常交际中，赞美的语言犹如魔术师的魔棒，它让越来越多的人喜欢听自己说话，毕竟谁都喜欢听赞美的话。不仅如此，在日常生活中，赞美还能激发一个人内在的自尊。

布朗夫人最近雇佣了一个女佣，那个被雇用的女佣从下个星期一开始正式上班。为了更好地了解这个女佣的情况，布朗夫人给女佣的前雇主打了一个电话，询问道："这个女佣怎么样？"没想到，从前雇主那里得到的对女佣的评价，居然是贬比褒多。

布朗夫人心里有了主意。很快就到了星期一，女佣来了，布朗夫人对她说："贝丝，几天以前，我打电话请教了你的前任雇主，她告诉我说，你为人很老实可靠，而且，还煮得一手好菜，带孩子也十分细心，唯一的缺点就是整理家有点外行，总是将屋子弄得脏兮兮的。听完了这样的评价,我想这位雇主的话似乎并不可信,今天,我看见了你的穿着,发现你是一个十分爱干净的人,我相信这是你的习惯,你肯定会将家里打扫得干干净净,而且,我们会相处得很愉快。"听了布朗夫人的话,贝丝的脸涨红了,她在心里暗暗发誓:以后一定听布朗夫人的,在这里好好干。

后来,贝丝与布朗夫人相处得果然愉快,贝丝将家里整理得井井有条,一尘不染,而且,工作十分勤奋,宁愿自己加班,也不会耽误家务工作。

赞美能令一个人将自己所有的优点都展现得淋漓尽致,布朗夫人的赞美令贝丝感到愉悦,贝丝带着这份美好的心情很快就投入了工作。

人际关系专家卡耐基说:"喜欢被人认可,感觉自己很重要,是人不同于其他低级动物的主要特性。"世界上最美好的声音就是赞美,最好的礼物也是赞美,赞美能给人带来愉悦,使人受到鼓舞。一个成功的推销员,他向客户说的第一句话一定不是关于产品,而是一句真诚的赞美。因为,他们深知,只有赞美才能令更多的人来听自己说话,这样,产品推销就更容易获得成功。

心理学启示

赞美是我们乐观面对生活所不可缺少的,是我们自信、自我肯定的力量源泉，它更是人际关系的润滑剂。对于每个人来说，赞美不仅是一种美德，更是一门学问，当我们需要寻求帮助的时候，赞美可以令他人欣然答应我们的请求；当我们需要表达意见的时候，赞美会让他人更愿意倾听我们的看法和建议。学会赞美他人，以欣赏的目光去看待他人，这会让我们心胸开阔，从而与他人建立更和谐的人际关系。

第13堂课

学习释放压力的心理课：不惧压力，轻松前行

压力也是动力，适当的压力有好处

生活中的压力是无处不在的，可是，有压力并不意味着是坏事，我们肩上的压力越大，说明我们人生的收获就越大，因为我们从这个世界不断捡起我们想要的东西，所以我们肩上的压力才会越来越大，如果你明白了这个道理，你还会抱怨压力吗？

有位年轻人感觉生活太沉重了，自己已经无力承受，于是他便去请教智者，让他帮助自己寻找解脱的办法。智者让他把一个背篓背在肩上，然后指着一条沙砾路说："你每往前走一步，就捡一块石头扔进背篓，看看是什么感觉。"

过了一会儿，年轻人走到了尽头，智者问他有什么感觉。年轻人说："感觉肩上的背篓越来越重。"

智者说："每个人来到这个世上，肩上都背着一个空篓子，在人生的路上，我们每走一步，就要从这个世界上捡一样东西放进背篓，所以我们才会感到生活越来越累。"

这时，年轻人问智者："有什么方法可以让这种负担减轻吗？"

智者问："你愿意把工作、家庭、爱情、友谊和生活中的哪一样取出来扔掉呢?"

年轻人沉默不语,他觉得哪一样他都不愿意扔掉。

这时,智者微笑着说:"如果你觉得生活沉重,那说明你已经拥有了全面的生活,你应该感到庆幸。假如你失去其中的任何一种,你的生活都会变得不完整,这样你愿意吗?你应该为自己不是总统而庆幸,因为他肩上的背篓比你的更大更重,但是,他可以把其中的任何一样拿出来吗?"

年轻人终于明白了生活的道理,他认真地点了点头,并且露出了开心的笑容,好像突然明白了很多道理,心里感到非常轻松。

生活中的压力是无法消除的,你越感到压力的沉重,说明你的生活越丰富,你所拥有的生命越厚重,你的人生就越有意义。背负压力,负重而行,虽然是一件很痛苦的事情,可是,没有负重而行就难以体会到无负重的轻松愉快,同时,没有负重而行,就不会有什么责任,也就无所谓什么克服困难、取得成功,自然更不可能体会到抵达终点之后那种如释重负的快感。没有负重的生命不是完整的生命,没有负重的人生不是圆满的人生。

没有压力,我们就无法得到成长和突破,以积极的心态去面对压力,我们就会从压力中找到它的正面意义。当你从一场变故中走出来的时候,会发现自己的内心又充实了许多,再看什么问题时,就达到了一种新的高度。

心理学启示

工作或生活上的失误，往往会给人造成心理负担，这时候我们需要一种"心理卸妆法"。

这种"心理卸妆法"就像女性每晚睡前卸妆一样，把当天心绪整理一遍。对于负面的记忆，要不过夜地尽数清洗掉。然后低吟三句话：

（1）"我愿意……"（比如自己最期望的心境）。

（2）"我有……能力"（比如能够胜任的心境）。

（3）"……能使我快乐"（比如对待使命的精神准备）。

说完，尽快入睡。

冲动是魔鬼，行动前先要谨慎思考

多一点思考，就可以避免冲动的烦恼。高僧寒山与拾得这样说："如果有人诽谤我、侮辱我、耻笑我，我们应该忍着他、避开他、不去理他，等上几年，一切便是过眼云烟了。"当然，时间可以解决很多问题，把那些深重的戾气化为无形，把那些怨恨化作思念。不过对于大多数人来说，都无法达到那样的境界，他们习惯于当下解决问题，而且，倾向于"闻过则怒"。实际上，何必这样盲目地去决定一件事呢？懂得多给自己一些机会、一些不后悔的理由，这样我们就会避免一些冲动带来的烦恼。尤其是即将勃然大怒之时，我们需要一些思考，寻找怒火本源，也许，就是这样思考的一点时间，隐藏在心中的怒火就会消散。

有一个脾气非常暴躁的男孩，几乎每天都会和别人大喊大叫，没有安静的时候，在家里，没有人喜欢他。有一次，他在家里发了很大的脾气，爸爸叹息道："孩子，你这样是不行的，你要控制一下自己的脾气。"男孩回答说："我也很想控制自己，可是我就是管不住自己。"爸爸思索了一会儿，对他说："我给你想了一个办法，你只要照着我的方法去做，你就能控制住自己了。"说完,爸爸就将小男孩带到后院的栅栏边,对男孩说道:"从今天开始,你每天要发脾气的时候,就在栅栏上钉一个钉子,直到有一天,这栅栏上一个钉子都没有钉的时候,你再来找我。"

小男孩开始了改脾气的艰难过程,刚开始的时候,他的脾气还是十分暴躁,但想发脾气时就想到了爸爸的话,于是,他将钉子钉在了栅栏上,这样过了一个月,男孩觉得自己能够稍微控制自己了,他发脾气的次数越来越少,栅栏上新钉的钉子越来越少。终于有一天,男孩一次脾气也没发,他高兴地带着爸爸来到了后院,对爸爸说:"爸爸,我今天一次脾气也没有发,你看栅栏上一个新钉子都没有!"爸爸微笑着说:"真不错,那么,从今天开始,如果你能控制一天不发脾气,就从栅栏上拔下一颗钉子,直到栅栏上没有了钉子,你再来找我。"

于是,男孩开始按照爸爸的话去做,他努力地克制自己一天不发脾气,然后就从栅栏上拔下一颗钉子。时间长了,男孩习惯了平和的生活,他的脾气变得温和,不再像以前那么暴躁和冲动了。栅栏上的钉子一颗一颗地被拔了下来,终于有一天,栅栏上一颗钉子都没有了,男孩十分兴奋,喊来了爸爸。爸爸看到栅栏上的钉子都没有了,感到很欣慰,不过,他说道:"虽然,你现在已经控制住了自己的脾气,但是,孩子,你看看栅栏上留下的疤痕,它再也恢复不到以前了,其实,你冲动之下说出的话,也会在别人心里留下疤痕,就像栅栏上的疤痕一样。"男孩听后，低下了头。从此以后，他再也没有发过脾气。

列夫·托尔斯泰说："愤怒使别人遭殃，但受害最大的却是自己。"每一次发脾气的时候，我们都会因冲动而说出一些伤害别人的话来，这其实已经伤了对方的心，而这样的创伤是无法弥补的。所以，为了避免这样的伤害，我们需要控制自己冲动的情绪，努力使自己变得平和。

心理学启示

通常情况下，人们是由于自己的尊严或利益受到伤害而产生冲动的情绪，并且这样的状态很难一下子就冷静下来。所以，当我们察觉到自己的情绪十分激动，快要控制不住的时候，我们应该及时转移注意力，自我放松，努力克制冲动的情绪。心理学家认为，冲动是人的弱点，所谓的大胆和勇敢，并不是动辄发怒，而是保持沉默。当然，在克制冲动情绪的时候，我们需要思考，打开心结，反问自己：为什么会有冲动的情绪？反复思考，这样我们才能从源头遏制冲动的情绪。

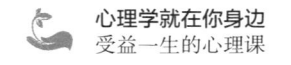

做人做事要理智，情感释放要感性

理智看待事物，感性释放情感。有人说，无论何时何事，都不要轻易否定，存在即有其合理性。在生活中，许多人习惯于感性用事，遇到生气或愤怒的时候，常常是脸红耳赤，恨不得把心里所有的消极情绪都发泄出来；若是遇到消沉的时候，就一蹶不振，自暴自弃，随意贬低自己。其实，若凡事都以感性对待，很有可能会模糊事情的真相，甚至做出一些后悔的举动。所以，面对事物需理智对待，对任何事任何人都要给予一个申辩的空间，而面对情感，则需要感性释放，因为，情感压抑得太久，有可能会导致心理疾病。

在生活中，总是有一些不如意的事情，当你要发脾气的时候，首先应该做的是尽量让自己安静和放松下来，先以理智的眼光来审视问题，想一想目前出现了什么情况，而不是乱发脾气，被情绪牵着走。如何理性地对待事物？那就是学会换位思考，或者直接置身事外。

有一位禅师十分喜爱兰花，在平日弘法讲经的时候之外，他花费了许多时间来栽种兰花，所有的弟子都知道禅师把兰花当成了自己生命的一部分。有一次，禅师要外出云游一段时间，在临行前，禅师特意交代弟子："要好好照顾寺里的兰花。"在禅师云游的这一段时间里，弟子们都很细心地照料着兰花，但是，有一天在浇水时不小心将兰花架碰倒了，所有的兰花盆都跌碎了，兰花也洒了一地。弟子们感到十分恐慌，并决定等禅师回来后，向禅师赔罪。

过了一段时间，禅师云游归来，闻知了这件事，便立即召集了所有的弟子们，非但没有责怪，反而说道："我种兰花，一是希望用来供佛，二是为了美化寺庙环境，不是为了生气的。"

禅师喜欢兰花，是情感的感性释放；面对被弟子不小心弄坏的兰花，禅师非但没有生气，反而安慰弟子们，这是理智对待事情。禅师之所以能看开，是因为他虽然喜欢兰花，但心中却没有兰花这个挂碍，所以，兰花的得失并不会影响他的情绪，他是以理性的思维来看待这件事情。而且，禅师明白，自己生气了又有什么用呢？生气反而乱了自己的心情，坏了情绪，凡事需理性看待。

心理学启示

理性面对事物，我们应该学会反思，我们在面对许多事情的时候，往往是感性反应先于理性反应，所导致的结果是常常看不到事情的本质，而模糊了事情的真相。所以，每次感性冲动的时候，我们都应该认真反思自己的行为与观点，时间长了，就会逐渐改变自己的思维习惯，把自己置身于事情之外,使自己更加理性地看待事物。当然,任何时候,我们都需要感性地释放情感,因为这是人之常情。

做人要有点阿Q精神，以应对生活的压力

世界上每一个人的生活都不可能处处是鲜花，成功之路也不可能一帆风顺，我们也不可能事事都比别人强。

那么，在我们的人生不是一帆风顺的时候，在我们的人生出现一些挫折的时候，在我们的面前不都是鲜花的时候，我们该怎么办？

有很大一部分人，对世事、对自身都抱有很高的期望，因为一心向前的冲力太大，碰到挫折阻力时，心理的适应性跟不上，由此产生的悲伤和恼怒就会被放大，在很长时间内都不能解脱。这对我们的身心健康有非常严重的危害。

美国生理学家爱尔马有这样一个实验：把一支支玻璃管插在正好是0℃的冰水混合物容器里，然后收集人们在不同情绪状态下呼出的"气水"，描绘出了人不同情绪状态的"心理地图"。结果发现，当一个人心平气和时，呼出的气溶于水后是澄清透明的；悲痛时水中有白色沉淀；生气时有紫色沉淀。他把人在生气时呼出的"生气水"注射在大白鼠身上，几分钟后大白鼠就死了。由此他得出结论：生气十分钟会耗费人体大量能量，其程度不亚于参加一次300米赛跑。生气所引起的生理

反应十分强烈,产生的分泌物比其他情绪所产生的都复杂,并且更具有毒性。因此,动不动生气的人很难健康。所以他告诫人们:尽量不要生气,母亲千万不要在生气时或刚生完气就给孩子喂奶,因为这时母体分泌的乳液是具有毒性的。

人生于世,想不遭受失败和挫折几乎是不可能的,但是调整好自己的心情,使自己不在烦恼的海洋里陷得更深却完全可行。这时候,只要我们后退一步,就会发现海阔天空,人生照样美好,天空依然晴朗,世界仍是那么美丽,你会得到很多东西,而不是失去。

遇到下面这些事情,你会怎么处理呢?

(1)原本想做生意肯定能赚一百万,由于种种原因,最后只到手十万。这时,你后退一步想:毕竟没有赔钱。当然了,退不是逃,你得总结一下,那九十万为什么没有赚到。

(2)公司里人事调整,原想这次你肯定升职,可宣布各部门人选的时候,你竖起耳朵听也没听到老板念你的名字。这时,你先别生气,后退一步:毕竟没有被炒鱿鱼,然后想一想,自己为什么没有被提拔。

(3)单位里职称评定,你差一点就评上了。可惜的确可惜,但再可惜也没用了。这时,你后退一步:这次差一点,下次就一点不差了。那么,回去再努力一年。这一年,你的成绩可能会令人惊讶。

(4)已经生病了,心情肯定不会很好,但心情不好对你身体的恢复只有坏处没有好处，因而尽量使自己不要沉迷在生病的不好感受中不能自拔，后退一步：毕竟只是生病，那就趁这个机会好好休息一阵，平时难得有这样的机会。

人生不如意的事十有八九，世界毕竟不是你一个人的世界，上天不可能把所有的好事都摊到你的头上，也要适当考验考验你，看看你在不顺的时候会是什么样子。如果你反应过激，上天还会继续考验你，直到你能以一种平和的心态去看待、对待一时的不顺或者挫折。

退一步去看待人生的不顺和挫折，并非一种消极的心态。在这时候，你后退一步，寻找到一种海阔天空的人生境界，这是一种积极的心态，也是做人的一种境界。

心理学启示

恐惧、焦虑、抑郁、嫉妒、敌意、冲动等负面情绪，是一种破坏性的情感，长期被这种情绪困扰笼罩，就会导致身心疾病的发生。

古语早有云：喜伤心，怒伤肝，思伤脾，忧伤肺，恐伤肾。也就是说，喜、怒、哀、乐、思、忧、恐是人类最基本的情绪体验，但如果太过于强烈，都会伤及身体。

参考文献

［1］雷坚.受用一生的心理课［M］.北京：中国纺织出版社，2014.

［2］黄晓林.北大心理课［M］.北京：北京联合出版公司，2018.

［3］王超.心理调节术（白金版）［M］.北京：中国华侨出版社，2013.

［4］雅文.做自己的心理调节师［M］.北京：中国华侨出版社，2013.